Notker Wolf OSB, Dr. phil., geboren 1940 in Bad Grönenbach im Allgäu, studierte Philosophie und Theologie in Rom und München. 1961 trat er in die Benediktinerabtei St. Ottilien am Ammersee ein und wurde 1977 zu ihrem Erzabt gewählt. Seit 2000 ist er als Abtprimas des Benediktinerordens mit Sitz in Rom der höchste Repräsentant von mehr als 800 Klöstern und Abteien auf der ganzen Welt. 2008 wurde er auf weitere vier Jahre durch Wiederwahl in dieser Funktion bestätigt. Besonders am Herzen liegen ihm der interkulturelle Dialog mit anderen Religionen und partnerschaftliche Projekte in China und Nordkorea. Seine Bücher «Worauf warten wir? – Ketzerische Gedanken zu Deutschland» oder «Aus heiterem Himmel – Einfälle und Eingebungen für das Leben hier unten» wurden zu Bestsellern. Weiterhin sind im Rowohlt Taschenbuch Verlag von Abtprimas Notker erschienen: «Die Kunst, Menschen zu führen» und «Gott segne Sie!».

Abtprimas Notker Wolf
mit Leo G. Linder

Alles Gute kommt von oben

Kleine Wahrheiten für zwischendurch

Rowohlt Taschenbuch Verlag

 Die hier versammelten Texte sind zuvor in
als Kolumne erschienen.

Originalausgabe
Veröffentlicht im Rowohlt Taschenbuch Verlag,
Reinbek bei Hamburg, November 2010
Copyright © 2010 by Rowohlt Verlag GmbH,
Reinbek bei Hamburg
Umschlaggestaltung ZERO Werbeagentur, München
(Foto: © Arne Weychardt)
Satz aus der ITC Legacy, InDesign,
bei hanseatenSatz-bremen, Bremen
Druck und Bindung Druckerei C. H. Beck, Nördlingen
Printed in Germany
ISBN 978 3 499 62702 6

Inhalt

Wir brauchen für unser Leben, für diese siebzig oder achtzig Jahre, die uns an Lebenszeit vergönnt sind, jede Menge Zuversicht, jede Menge Liebe, jede Menge Vertrauen, genauer: Urvertrauen. Zuversicht, Liebe und Vertrauen gehören zu unserer Grundausstattung als Menschen; wir beziehen die Kraft für ein gelungenes Leben daraus. Natürlich ist auch ein Leben ohne Zuversicht, ohne Liebe und Vertrauen möglich, aber es wäre dann ein Leben in Angst. Es wäre ein Leben, in das sich Misstrauen, Furchtsamkeit, Missgunst oder gar Feindseligkeit einschleichen würde.

Doch woher sollen wir so viel Zuversicht, Liebe und Vertrauen nehmen, dass der Vorrat sich nicht früher oder später verbraucht? Aus unserer Lebenserfahrung? Die belehrt uns eher, dass nichts von Dauer ist, die meisten Träume zerplatzen und Unheil jeden treffen kann. Und auch die Vernunft rät uns zur Kapitulation. Schau dir die Welt doch an, sagt sie, Rücksichtslosigkeit triumphiert, Verlass ist auf die wenigsten, und selbst die besten Ehen scheitern. Sei realistisch – da gibt es nichts zu hoffen! Und haben sie nicht recht, unsere Lebenserfahrung, unsere Vernunft?

Aber wir wollen nicht realistisch sein. Nicht in diesem Sinne. Wir wollen an etwas glauben, das unsere Lebenserfahrung und unsere Vernunft Lügen straft. Wir wollen uns nicht ausreden lassen, dass es das Leben trotz allem gut mit uns meint, dass die Liebe am Ende siegen wird und dass unser Leben entgegen aller vernünftigen Erwartung nicht auf ein endgültiges Verlöschen hinausläuft. Heißt das, sich törichte Illusionen zu machen? Nein. Es heißt, an das Mögliche zu glauben – wider alle Wahrscheinlichkeit. Es heißt, sich mit der Kraft zu verbünden, die uns dazu befähigt, niemals aufzugeben.

«Alles ist möglich dem, der glaubt», sagt Jesus Christus. Wir brauchen nur einen guten Grund für unseren Glauben. Einen besseren Grund als den Glauben an die Wissenschaft, die uns ein Leben im Überfluss, den Triumph über alle Krankheiten und ewige Jugend verheißt. Der beste Grund, den ich kenne, ist der Glaube an Gott, der mich ins Leben gerufen hat, der mich liebt und zu dem ich einmal zurückkehren werde. Dieser Glaube verbraucht sich im Lauf des Lebens nicht. Diese Quelle der Zuversicht, der Liebe und des Vertrauens versiegt niemals.

Im Licht meiner eigenen Lebenserfahrung betrachtet, sind diejenigen die wahren Realisten, die sich vom Realismus der Vernunft nicht einschüchtern lassen und sich mit der göttlichen Kraft der Liebe und des Lebens im Glauben verbünden. Mit den Texten dieses Bandes will ich Sie an den Erfahrungen teilhaben lassen, die man dann macht.

Gott segne Sie.
Ihr Notker Wolf

Müssen wir wirklich müssen?

Wie oft sagen Sie am Tag: «Ich muss ...»? «Ich muss dies und das erledigen. Ich muss da- oder dorthin. Ich muss bis dann und dann fertig sein.» Sie haben noch nicht nachgezählt wie oft? Aber – könnte es nicht auch sein, dass «müssen» bei Ihnen häufiger fällt als jedes andere Wort? Und wenn es so wäre – müsste man da nicht erschrecken?

Achten Sie einmal darauf. Die meisten Menschen sagen nicht: «Ich will ... noch schnell einkaufen gehen.» Oder: «Ich möchte ... meine Tochter von der Schule abholen.» Sie sagen: «Ich muss ...» (Auch mir geht es oft so!) Und das ist schon merkwürdig. Denn einerseits sind wir doch überzeugt, in einem freien Land als freie Menschen zu leben. Wir würden protestieren, wenn einer uns sagen würde: «Du bist gar nicht frei!» Und andererseits, wenn man sich anhört, was wir alles «müssen» ... Als ständen wir pausenlos unter Zwang. Als würden wir nur noch Anforderungen erfüllen, Aufträge erledigen, kurz: Sachen tun, die andere von uns verlangen. Wie weit ist es also mit unserer Freiheit her? Steht die nur auf dem Papier? Und wir, die wir fest an diese Freiheit glauben – erleben wir sie aber in Wirklichkeit gar nicht?

Da ist das Handy, das klingelt. «Ich muss mal eben dran …» Da ist der Verkäufer einer Obdachlosenzeitung, der uns anspricht. «Nein danke, ich muss weiter …» Da ist die Ehefrau, die am Wochenende mit ihrem Mann etwas unternehmen möchte. «Tut mir leid, ich muss die Steuer erledigen …» Ja, völlig normal, kennen wir. Aber es ist doch verräterisch, dieses «müssen». Wir geben uns nämlich dadurch als Menschen zu erkennen, die nicht frei entscheiden können. Und vielleicht gar nicht frei entscheiden wollen. Denn es ist ja so bequem zu müssen. Es ist ja so praktisch, nicht Herr seiner selbst zu sein. Man vermeidet auf diese Weise jede Diskussion. Man verschanzt sich hinter seiner Arbeit, hinter den Erwartungen anderer – und ist dann nicht mehr verantwortlich. Braucht sich nicht mehr zu rechtfertigen. Und auch nicht mehr zu fragen: Ist das eigentlich sinnvoll und richtig, was ich hier mache? Würde es nicht auch anders gehen? Nein, geht es nicht, weil wir ja müssen. Und basta.

Aber … müssen wir wirklich ans Handy, wenn wir mitten in einer Unterhaltung sind? Müssen wir wirklich weiter, wenn der Obdachlose mit seiner Zeitung uns erwartungsvoll anschaut? Müssen wir wirklich die Steuer erledigen, wenn unser Partner endlich mal wieder eine Radtour mit uns machen möchte? Müssen wir wirklich müssen?

Kein Gott – kein Stress mehr?

Neuerdings wird öffentlich dafür geworben, nicht an Gott zu glauben. In London zum Beispiel fahren Busse durch die Stadt mit der Werbeaufschrift: «Wahrscheinlich gibt es keinen Gott – also genießen Sie das Leben.» Was wohl heißen soll: kein Gott – kein Stress mehr. Aber wieso? Wieso sollten Atheisten die glücklicheren Menschen sein?

Wenn ich die Leute, die diese Kampagne finanzieren, richtig verstehe, wollen sie etwa Folgendes damit sagen: Wer an Gott glaubt, macht sich das Leben unnötig schwer. Denn wer an Gott glaubt, quält sich mit Problemen wie Sünde und Schuld und Verantwortung herum und kann deshalb seines Lebens nicht recht froh werden. Wer hingegen an keinen Gott mehr glaubt, der braucht auch keinen Gedanken mehr an Sünde und Schuld und Verantwortung zu verschwenden, der kann entspannt in den Tag hineinleben. Mit anderen Worten: Das Glück besteht darin, es sich leichtzumachen, und Gott steht diesem Glück im Wege.

Stimmt das? Wenn ich darüber nachdenke, kommen mir Bilder in den Sinn, Situationen aus meinem langen Leben als Mönch. Da ist die schwerkranke Frau, an deren Bett ich gerufen werde. Es steht nicht gut um sie. Stellen Sie sich vor, ich würde zu ihr sagen: «Wahrscheinlich gibt es keinen Gott, also genießen Sie das Leben!» – ob die Kranke das wirklich als frohe Botschaft empfände? Oder der junge Afrikaner, der in einer unserer Werkstätten in Tansania arbeitet und Eltern und Geschwister ernähren muss, weil sein Vater erblindet ist. Wenn ich zu ihm sagen würde: «Wahrscheinlich gibt es keinen Gott, also genieße das Leben!» – ob das wirklich eine frohe Botschaft für ihn wäre? Oder der alte Mann in Sri Lanka, der zu mir kommt. Er hat den Bürgerkrieg erlebt, er hat bei einem Rebellenüberfall eine Tochter verloren. Wenn ich zu ihm sagen würde: «Wahrscheinlich gibt es keinen Gott, also genießen Sie das Leben!» – ob ihn das wirklich trösten könnte? Ob er erleichtert aufatmen würde, so wie sich die Initiatoren der Londoner Werbekampagne das offenbar vorstellen?

Lassen Sie mich ganz offen sagen: Auf uns glückverwöhnte Europäer mag diese Anzeige irgendwie plausibel wirken. Amüsieren kann man sich tatsächlich ohne Gott. Aber sobald wir einen Schritt aus unserer Wohlstandswelt hinausgehen, handelt es sich nicht mehr darum, sich das Leben leichtzumachen, sondern das Leben zu bewältigen. Kraft und Mut und Zuversicht zu sammeln, Trost und Liebe zu erfahren. Sobald es in unserem Leben ernst wird, lautet die wahrhaft frohe Botschaft: Es gibt einen Gott, und er ist gnädig und barmherzig, weil er uns liebt.

Papst Benedikt XVI. – ein eiskalter Kirchenpolitiker?

Viele haben sich Anfang 2010 über den Papst erregt. Zu Recht? Hat sich Benedikt XVI. wirklich als weltfremder Theologe und eiskalter Kirchenpolitiker geoutet? Nein, das hat er nicht. Die Empörungswelle, die über den Vatikan hinweggerollt ist, war überflüssig – man hätte den Fall nur etwas gründlicher studieren müssen. Offenbar gibt es viele, die nur allzu gern die erste Gelegenheit ergreifen, auf den Papst einzuprügeln.

Was ist geschehen? Eine Gruppe von Bischöfen hatte darum gebeten, wieder in die Kirche aufgenommen zu werden. Sie waren vor vielen Jahren exkommuniziert, also aus der Gemeinschaft der Kirche ausgeschlossen worden, weil sie die Reformen des Zweiten Vatikanischen Konzils ablehnten. Dadurch war eine Kirchenspaltung entstanden. Jetzt waren die ehemaligen Rebellen zur Versöhnung mit der Kirche bereit. Kein Papst hätte da nein sagen können, denn: Es gehört zu seinen Hauptaufgaben, die Einheit der Christen zu wahren. Der Papst musste die Chance ergreifen, diese Kirchenspaltung rückgängig zu machen. Also hat er die zuständigen Stellen im Vatikan angewiesen, den Versöhnungswunsch der abtrünnigen Bischöfe zu erfüllen.

Nun ist zweifellos richtig, dass diese Bischöfe einer sehr traditionellen Richtung des Katholizismus angehören. Sie werden erst noch beweisen müssen, dass sie ihre starre, engstirnige Haltung aufgeben. Und es stimmt auch, dass sie politisch erzkonservativ sind. Aber politische Meinungen dürfen einen Papst nicht interessieren – weder bei einfachen Gläubigen noch bei Bischöfen. Ihm geht es allein um den Glauben. Ich finde also, dass der Papst grundsätzlich richtig gehandelt hat. Allerdings hatte er die Rechnung ohne den englischen Bischof Williamson gemacht. Der wollte die Versöhnung offenkundig torpedieren – und hat zur rechten Zeit seine absurden Ansichten zum Holocaust veröffentlicht. Er wusste, dass er damit einen Skandal entfachen würde. Ihm war klar, dass er den Papst damit blamieren konnte. Und die Medien sind ihm prompt auf den Leim gegangen.

Denn natürlich teilt der Papst die Ansichten von Bischof Williamson nicht. Jedem denkenden Menschen ist klar, dass Benedikt XVI. den Holocaust für ein abscheuliches Verbrechen hält. Nein, geoutet haben sich all diejenigen, die über den Papst hergefallen sind. Und zwar als Leute, denen anscheinend jeder Anlass recht ist, den Papst in Misskredit zu bringen.

Komasaufen darf kein Ausweg sein

Darf das wahr sein? Zwei Drittel der älteren Hamburger Schüler beteiligen sich am Komasaufen, trinken also mehr oder weniger regelmäßig bis zum Umfallen. Rund 20 000 Jugendliche landen in Deutschland alljährlich mit Alkoholvergiftung auf einer Intensivstation. Und vierzehnjährige Drogenabhängige sind längst keine Seltenheit mehr. So steht es in der Zeitung. Jetzt kann man sich fragen: Stimmt mit den jungen Leuten etwas nicht? Oder mit der Welt, in der sie leben? Oder stimmt mit uns etwas nicht, den Erwachsenen? Den Eltern, Lehrern und Erziehern?

Denn irgendetwas muss doch faul sein, wenn junge Menschen sich massenhaft so gezielt aus der Realität katapultieren. Wenn sie ihr Heil im Alkohol suchen, wenn ihnen Selbstzerstörung als einziger Ausweg erscheint. Bloß nichts mehr mitkriegen! Betäubung um jeden Preis! Aber was ist denn so grässlich an ihrem Leben?

Natürlich ist nichts grässlich an ihrer Welt, sagen unsere Politiker. Alarmiert sind sie aber schon. Sie möchten das Komasaufen gern für eine verrückte Jugendmode halten und wenden sich darum hilfesuchend an Werbeagenturen. Die verstehen was von Mode. Die werden den Jugendlichen schon mit coolen Sprüchen einreden, dass Saufen bis zum Umfallen uncool ist. Und wenn das nichts hilft, versucht man es eben mit Ekelfotos auf Bierdeckeln. Ein bisschen Abschreckung, das muss reichen. Nur nicht nach den Ursachen fragen! Nur nicht den Dingen auf den Grund gehen!

Denn dann käme womöglich heraus: Ja, es ist etwas grässlich an ihrer Welt. Es ist etwas äußerst bedrohlich. Sie haben sich verirrt in einer Welt der tausend Möglichkeiten. Verloren stehen sie an einer Kreuzung mit Wegweisern in alle Richtungen und wissen nicht wohin. Welchen Weg sie einschlagen sollen. Denn Wegweiser nützen nur, solange man weiß, wohin man will. Sie aber sind alleingelassen und ohne Orientierung. Wählt euch euren Weg selbst, haben ihre Eltern ihnen gesagt, wir wollen euch nicht hineinreden. Sucht euch euren Lebenssinn allein, haben ihre Lehrer ihnen gesagt, wir wollen euch nichts vorschreiben. Mit anderen Worten: Niemand hat sie als Kinder auf den Weg gebracht. Kein Elternhaus hat ihnen Starthilfe gegeben, kein Lehrer ihnen die Richtung gewiesen. Jetzt haben sie die Wahl und wissen nicht, wohin sie gehen sollen. Sie lassen sich auf der Kreuzung nieder und trinken bis zur Bewusstlosigkeit. Der einzige Ausweg. Darf das wahr sein?

Loslaufen und das Heilige spüren

Als unzufriedener Mensch aufbrechen, um als zufriedener Mensch zurückzukehren? Die Frau aus München, die mir ihre Geschichte erzählte, hatte es tatsächlich so erlebt. Vor zwei Jahren hatte sie sich auf eine Pilgerreise nach Santiago de Compostela gemacht, war mit ihrem Rucksack gleich von München aus losgelaufen und hatte die 2500 Kilometer nach Spanien in 103 Tagen geschafft. Eine tolle Leistung! Doch um die Leistung war es ihr gar nicht gegangen.

«Ich wollte einfach mal in eine andere Welt kommen», sagte sie. Sie hatte als Abteilungsleiterin in einem Konzern gearbeitet und war mit neunundfünfzig in den Ruhestand versetzt worden. Doch sie fand keine Ruhe. Es fehlte ihr an nichts, aber daheim bei ihrem Mann hielt sie es nicht aus. Da lief sie los. Allein. Ziel: der Wallfahrtsort Santiago de Compostela. Ankunft: irgendwann. Und von den ersten Tagen an fühlte sie sich als Pilgerin. Sie schlief im Stroh oder in Klöstern oder in einfachen Herbergen. Sie nahm an den Abendmessen für Pilger teil. Sie erlebte Pfarrer, die sich hinterher zu ihnen im Spei-

seraum dazusetzten, ganz selbstverständlich. Und
einmal kochte ein Pater für die ganze Gruppe Knob-
lauchsuppe und teilte sie dann eigenhändig aus. Sie
liebte diese Gemeinschaft von Leuten, die nicht um
Anerkennung kämpften, mit denen man still und
ernst sein konnte. Auch unterwegs kam es ständig
zu Begegnungen mit anderen Pilgern, und manchmal lief sie zwei, drei Tage lang in ihrer Gesellschaft. Dann wieder war sie allein – und verlor sich
so in Gedanken, dass sie mehrmals vom Weg abkam.
«Wenn man allein ist», sagte sie, «läuft die innere
Uhr rückwärts. Man fängt bei der Kindheit an, geht
alle Stationen seines Lebens durch und überlegt, ob
man etwas hätte besser machen können.» Wie eine
kleine Lebensreise sei diese Pilgerfahrt für sie gewesen.

Und als sie endlich in Santiago de Compostela an-
kam, hatte sie manches dazugelernt. Dankbarkeit
zum Beispiel. Dankbarkeit für die Gastfreundschaft
und für die Begegnungen, zu denen es unterwegs gekommen war. Auch Bescheidenheit, also Verzicht auf
die übertriebenen Ansprüche, die sie immer gehabt
hatte. Und Ehrfurcht. Ein Sonnenuntergang konnte
bei ihr diese Ehrfurcht auslösen oder der dunkle,
kühle Innenraum einer Kirche. Sie hatte nun wieder
Augen und Ohren dafür, dass es etwas Größeres gab
als sie selbst. Sie hatte ein Gespür für das Heilige entwickelt. Und sie kehrte zufrieden heim. War sie Gott

begegnet? Zumindest war sie jetzt dazu bereit. Und damit hatte sie das eigentliche Ziel des Pilgerns tatsächlich erreicht.

Warum meckern, wenn man dankbar sein könnte

«Ich wusste gar nicht, wie unglücklich ich war», sagt mir Astrid, eine alte Bekannte aus meiner Studienzeit. «Zwei Jahre lang habe ich vor Schmerzen kaum gehen können, bin wie eine Gartenschnecke herumgekrochen, und irgendwie hatte ich mich damit abgefunden.» Jetzt hat sie alles hinter sich, die Operation, bei der ihr ein neues Hüftgelenk eingesetzt wurde, und die Wochen in der Rehaklinik. Sie lächelt befreit. Sie habe viele Gründe, glücklich zu sein, sagt sie, und dann zählt sie ihre Gründe auf: «Die Operation ist gelungen. Endlich kann ich mich wieder ohne Schmerzen bewegen. Und dann: Ich habe nur gute Erfahrungen gemacht. Die Ärzte und Schwestern im Krankenhaus waren alle freundlich. Und das Personal in der Rehaklinik war stets bestens gelaunt und hilfsbereit. Unglaublich, was uns da alles geboten wurde. Was alles getan wurde, um uns das Leben so leicht wie möglich zu machen. Und selbst über das Essen konnte man sich nicht beklagen.» Bei ihrer nächsten Erinnerung allerdings schüttelt sie den Kopf. «Und dann gibt es Leute, die auch dort an allem etwas auszusetzen haben. Leute, die nur nörgeln. Denen man nichts recht machen kann. Unfassbar. In vielen anderen Ländern dieser Welt müssten sie sich auf Krücken durch die Gegend schleppen. Hier tut man für sie alles Erdenkliche – und sie meckern.»

Zweierlei fiel mir danach zu dieser Erzählung von Astrid ein. Das Erste war ein Bild aus Rom. Da hatte jemand in großen Buchstaben an eine Hauswand die beiden Wörter *«Grazie, Roma»* gesprüht. Danke, Rom! Jemand, der seiner Dankbarkeit für alles, was diese großartige Stadt ihm je an Freude geschenkt hatte, einmal Luft machen musste. Jemand, der allen Grund hatte, sich glücklich zu schätzen, und das auch wusste. *Grazie, Roma* – danke, Rom. Wer hat je an einer deutschen Hauswand gelesen: «Danke, München»? Oder: «Danke, Hamburg»?

Und das Zweite, was mir einfiel: ein Gebet. Das bekannteste von allen, das Vaterunser. Da geht es um die Frage, worum wir Gott bitten dürfen. Und Jesus sagt: Um unser tägliches Brot. Also um das Lebensnotwendige, mehr nicht. Bleibt bescheiden, wenn ihr mit euren Wünschen vor Gott tretet, sagt Jesus. Kommt ihm nicht mit maßlosen Ansprüchen. Und das ist klug so. Das ist ein Weg zum Glück. Denn wer sich zufriedengeben kann mit dem Notwendigen, der wird alles als Glück empfinden, was seine Erwartungen übersteigt. Astrid jedenfalls war glücklich.

Mit Sicherheit glücklicher als all diejenigen, die An-
spruch auf mehr und immer mehr erheben. Die Un-
ersättlichen.

Ein multikultureller Dialog beim Morgengebet

Manchmal könnte man meinen, dass der Glaube sich langsam, aber sicher aus der Welt zurückzieht, dass der Siegeszug der religiösen Gleichgültigkeit nicht mehr aufzuhalten ist. Aber dieser Eindruck täuscht. Denn glaubenslos erscheint die Welt uns nur aus europäischer Sicht – überall sonst auf der Welt halten die Menschen an ihrem Glauben fest. Das trifft auch auf die katholische Kirche zu. In Europa verliert sie an Boden, und außerhalb Europas sammelt sie neue Kraft. Vor allem in Asien. Ich selbst habe das oft erlebt, zum Beispiel auf meiner letzten Reise nach Indien.

Ich war nach einem ermüdend langen Flug und etlichen Stunden Autofahrt endlich in der Abtei St. Thomas in Kappadu, im Bundesstaat Kerala, eingetroffen. Beim ersten Morgengebet am nächsten Tag stand ich noch einigermaßen verschlafen zwischen den Brüdern, da machte mich ein kraftvoller Gemeindegesang schlagartig munter: Hinter mir sangen 160 Jungen mit Begeisterung die Psalmen und Lieder des Morgenlobs. Im Lauf des Tages stellte ich dann fest, dass diese jungen Leute hier, bei den Benediktinerpatres von Kappadu, voll in ihrem Element waren. Sie besuchen die nahegelegene Staatsschule, wohnen aber im Internat der Abtei, kommen täglich zum Morgen- und Abendgebet und lassen auch die Sonntagsmesse nicht aus. Und sind jedes Mal mit ganzem Herzen dabei – bei uns unvorstellbar.

Noch erstaunlicher aber war es für mich zu erfahren, dass sie gar nicht alle katholisch sind. Es gibt viele Hindus und Muslime unter ihnen. Und die sollen nun keineswegs klammheimlich bekehrt werden. Nein, ihre eigenen Eltern sind darauf bedacht, dass sie am Gebet in der Abtei teilnehmen. Denn in Indien herrscht allgemein eine große Ehrfurcht vor dem Heiligen, und weder Hindus noch Muslime kostet es Überwindung, am Gebet der Christen teilzunehmen. Und ganz offenkundig langweilte sich von diesen Jungen hier keiner. Sie brauchten auch keine modernen Lieder – ihnen ging das Herz bei den Psalmen und den uralten Gebeten auf.

Nach dem Morgengebet habe ich diesen jungen Menschen nachgeschaut, wie sie zum Kreuz gingen, auch die Nichtchristen, es berührten und in dieser Geste Kraft für den Tag fanden. Ich wünschte mir, dass auch wir im Westen zu dieser Lebendigkeit des Glaubens zurückfinden würden. Schon deshalb, weil die Ehrfurcht vor Gott uns mit den Menschen anderer Kontinente verbinden kann – enger verbinden als jeder multikulturelle Dialog.

Traurige Wahrheiten – Missbrauchsfälle in der Kirche

Dies ist für mich bitter und traurig. Wie ins Fegefeuer geworfen fühle ich mich, seitdem die Missbrauchsfälle an Jugendlichen bekannt geworden sind. Missbrauchsfälle, die auch in benediktinischen Internaten vorgekommen sind. Viele davon sind jahrzehntelang unter der Decke geblieben. Die Opfer sprachen nicht darüber, und die Täter hofften, ihre Verirrungen würden mit der Zeit in Vergessenheit geraten. Doch jetzt kommt alles ans Licht. Für eine Kirche, die hohe moralische Ansprüche stellt, ist das erschütternd. Und nicht nur die Opfer leiden. Für die Mütter, die aus der Presse erfahren, was ihren Kindern angetan wurde, ist es ein Schock.

Wie konnte das passieren?

Auch wir Ordensleute sind Menschen. Wir haben uns zwar ein hohes Ziel gesetzt, nämlich frei zu sein für Gott, frei von Eigennutz und Egoismus und der natürlichen Gier nach Macht, Geld oder Sex. Aber wir bleiben Menschen, anfällig für Versuchungen. Und leider sind gerade diejenigen, die täglich mit jungen Menschen umgehen, Versuchungen ausgesetzt – jeder Lehrer wird das bestätigen können. Die traurige

Wahrheit ist: Einige von uns hatten nicht die Kraft, der Versuchung zu widerstehen. Jetzt müssen wir dieser Wahrheit beschämt ins Auge blicken.

Noch etwas anderes kommt hinzu. Klöster sind keine Inseln der Seligen. Was die Gesellschaft bewegt und berührt, das bewegt und berührt auch uns. Wenn Schläge in Familie und Schule zur Erziehung gehören – und in den fünfziger und sechziger Jahren war es so –, dann geschehen Körperstrafen auch in Klosterschulen. Und wenn in der Gesellschaft die sexuellen Hemmungen wegfallen, dann kann auch die Moral von Mönchen ins Wanken geraten. Ich möchte Sie nur daran erinnern, dass in den achtziger Jahren bestimmte Gruppen öffentlich dafür eintraten, Sex mit Zwölfjährigen zu erlauben – auch das im Namen der Freiheit. Dass sexueller Missbrauch junge Menschen für ihr ganzes Leben traumatisiert, hatte sich damals noch nicht allgemein herumgesprochen. Auch wir waren blind dafür.

Sie sehen, ich suche nach Erklärungen, nicht nach Entschuldigungen. Denn Entschuldigungen gibt es nicht – weder für die Täter noch für die Vorgesetzten, die weggeschaut haben. Der Kirche wünsche ich den Mut zu der traurigen Wahrheit, dass einige in ihren Reihen schrecklich versagt haben – in der Hoffnung, dass sie geläutert aus dieser Selbstprüfung hervorgeht. Uns anderen aber wünsche ich den Mut zu der Einsicht, dass nicht jede Freiheit ein Segen ist.

Gastfreundschaft im Treppenhaus

Ist man in Deutschland ausländerfeindlich? Bis vor kurzem hätte ich gesagt: Nein. Es mag Ausnahmen geben. Also Deutsche, die sich immer noch nicht an Nachbarn aus Bulgarien oder Äthiopien gewöhnt haben. Deutsche, die immer noch nicht verstanden haben, dass man sich auch gegenüber Türken oder Afghanen keine Grobheiten erlauben darf. Doch solche Ausnahmen gab es zu allen Zeiten und überall, dagegen ist kein Kraut gewachsen. Leider. Im Großen und Ganzen aber, hätte ich gesagt, verträgt man sich in Deutschland doch recht gut mit seinen Ausländern.

Und dann erzählte mir eine Frau, wie es in ihrem Haus zugeht. Es ist ein gewöhnliches Mietshaus in einer deutschen Großstadt, nicht im vornehmsten Viertel, aber auch nicht im schäbigsten. Zehn Parteien leben dort: drei deutsche Familien sowie sieben Familien und Paare aus aller Herren Länder. Sie selbst ist Deutsche und seit Jahren mit einem Iraker zusammen. Täglich ist sie der Erfahrung ausgesetzt, dass die drei deutschen Familien allen übrigen Mitbewohnern das Leben zur Qual machen. Grüßt ihr Mann einen von ihnen im Treppenhaus, heißt es: «Ausländer raus!» Lässt die Polin aus dem dritten Stock ihren Kinderwagen kurz im Eingangsbereich stehen, wird sie angegiftet. Schreit einmal das Baby eines indischen Paars, folgt darauf eine Beschwerde bei der Hausverwaltung. «Vor einiger Zeit», so erzählt sie, «hat sich der Japaner aus dem vierten Stock bei mir buchstäblich ausgeweint. Und es muss bekanntlich schon einiges zusammenkommen, bevor sich ein Japaner ausweint.»

Als ich das hörte, wurde ich nachdenklich. Offenbar gilt in diesem Haus immer noch eine gewisse nationale Überheblichkeit. Ich hatte gedacht, dass diese Zeiten endgültig vorbei seien. Und wenn ich mir vorstelle, dass es von solchen Häusern noch mehr in Deutschland gibt … Wissen Sie, ich will jetzt gar nicht von christlicher Nächstenliebe anfangen. Aber was ist mit der Gastfreundschaft? Überall auf der Welt gilt die Gastfreundschaft als ein heiliges Gut. Und überall begegnet man vor allem demjenigen gastfreundlich, der nicht eingeladen war. Der plötzlich vor der Tür steht. Dem Fremden. Das ist eine Frage der einfachsten Menschlichkeit. Eigentlich sollte man gar nicht daran erinnern müssen. Ich bitte Sie deshalb: Ergreifen Sie Partei für die Menschlichkeit. Schreiten Sie ein, wenn Leute andere wegen ihrer Herkunft schikanieren. Und vergessen Sie nicht, Ihren ausländischen Nachbarn im Treppenhaus zu grüßen.

Die Liebe erträgt alles, auch Angst

Die Liebe ist eine schwierige Sache. Nicht am Anfang – da erscheint sie uns leicht, da sind wir verliebt und glauben unbeirrbar an die Erfüllung aller unserer Träume. Aber dann, im Lauf der Zeit, müssen wir feststellen: So einfach ist das doch nicht. Der andere ist anders, und manchmal ist er unbegreiflich. Oftmals verhält er sich nicht so, wie wir es gern hätten. Auf die Dauer machen wir vielleicht die Erfahrung, dass er sich nur ungern festlegt – während wir Sicherheit brauchen und auf Zuverlässigkeit größten Wert legen. Oder er fühlt sich schnell bedrängt und geht immer wieder auf Distanz – während wir ihn am liebsten mit unserer Liebe überschütten würden. Und plötzlich schleichen sich Missverständnisse ein. Missverständnisse, die sich kaum aufklären lassen. Wir spüren, wie der Ärger in uns aufsteigt, ganz gegen unseren Willen. Wir beginnen, an seiner Liebe zu zweifeln, ebenfalls ganz gegen unseren Willen. Wir fragen uns: Warum macht er das? Warum sagt er das? Und es scheint uns nur eine Erklärung dafür zu geben: weil er uns verletzen will. Und schon sind wir beleidigt, schon sind wir empört. Schon können wir dem anderen kaum noch abnehmen, dass er es mit seiner Liebe wirklich ernst meint. Und dann wird die Liebe zur Qual.

Es hilft auch nichts, den anderen zu erziehen. Ihn so hinbiegen zu wollen, wie wir ihn gern hätten. Oder gar den Ehrgeiz zu entwickeln, ihn weichzuklopfen und kleinzukriegen. So provoziert man höchstens seinen Widerstand. Nein – wissen Sie, was dann hilft? Zu erkennen, wie sehr wir gerade in der Liebe von Angst beherrscht werden. Von der Angst, zurückgewiesen zu werden. Von der Angst, den anderen zu verlieren. Diese Angst gaukelt uns Bedrohungen vor, wo gar keine sind. Sie gaukelt uns böse Absichten vor, wo der andere nicht im Entferntesten daran gedacht hat. Diese Angst macht uns starr und blind. Und erst wenn wir das verstanden haben, fällt uns auf: Wir haben ja gar keinen Grund, beleidigt zu sein! Es war ja gar nicht böse gemeint! Und auf einmal können wir den anderen so sein lassen, wie er eben ist. Jetzt können wir endlich mit Geduld und Ausdauer und Langmut darangehen, ihn immer besser zu verstehen.

Geduld, Ausdauer und Langmut, das sind Kennzeichen einer starken Liebe. In seiner wunderbaren Hymne auf die Liebe bringt der Apostel Paulus diese Erfahrung auf den Punkt: «Die Liebe ist langmütig», schreibt er im 13. Kapitel seines 1. Korintherbriefs. «Sie lässt sich nicht zum Zorn reizen, trägt das Böse nicht nach … sie erträgt alles, glaubt alles, hofft alles, hält allem stand.» Und obendrein gibt sie uns auch die Kraft, die Ängstlichkeit zu überwinden, die sich so leicht und so unmerklich immer wieder bei uns einschleicht.

Mut zur Ehrlichkeit

Bei einem Abendessen sagte mir eine ältere Dame leicht empört: «Warum sollte ich zur Beichte gehen? Ich bin mir keiner Schuld bewusst. Ich habe nichts verbrochen. Und ich lasse mir kein schlechtes Gewissen einreden.» Da habe ich sie angeschaut und gedacht: Wie schön. Ein guter Mensch mit einem guten Gewissen. Das ist beneidenswert.

Wenn wir ehrlich mit uns selbst sind, fällt unsere eigene Bilanz vielleicht nicht ganz so positiv aus. Sicher, ich glaube jedem, dass er nichts verbrochen hat. Das glaube ich sofort. Aber ich weiß auch aus Erfahrung, wie viel wir Menschen mit uns herumschleppen. Fast jeder. Unausgesprochene Dinge, die zur drückenden Last werden, weil man sie für unaussprechlich hält. Lügen, in denen man sich verheddert hat. Gemeinheiten, die man nicht wahrhaben will. Bosheiten, die einem so herausgerutscht sind. Ein Betrug, den man sich selbst nicht eingestehen will. Sie glauben gar nicht, was man alles allein durch Unachtsamkeit, durch Blindheit an Verletzungen anrichten kann. Unbeabsichtigt. Aber dann schleppt man es doch als uneingestandene

Schuld mit sich herum – und stöhnt darunter innerlich.

Kann Beichten da helfen? Ich weiß natürlich auch,
wie viele Menschen in ihrer Jugend schlechte Erfahrungen mit der Beichte gemacht haben. Mit allzu neugie-
rigen Priestern oder weil sie sich zum Beichten von er-
fundenen Sünden gezwungen fühlten. Können Sie sich
trotzdem vorstellen, einen neuen Versuch zu machen?
Die Situation ist ja heute eine andere. Jetzt sind Sie er-
wachsen, jetzt lassen Sie sich nicht mehr unter Druck
setzen. Aber vielleicht brauchen Sie gerade in diesem
Augenblick jemanden, zu dem Sie ganz ehrlich sein
können? Absolut ehrlich? Weil alles andere nicht mehr
hilft? Sehen Sie, Gott braucht man nicht zu belügen.
Das ist sinnlos. Deshalb kann man auch im Beicht-
stuhl gleich auf den wunden Punkt kommen. Da kann
man aussprechen, was man zuvor nicht einmal zu denken wagte. Und das ist heilsam. Das ist die Chance zu
einem neuen Anfang. In Zukunft wird es Ihnen nicht
mehr so schwerfallen, ehrlich zu sich selbst zu sein. Sie
werden sehen, wie viel leichter Sie durch Offenheit mit
sich und anderen ins Reine kommen. Beichten hilft,
Klarheit über sich selbst zu gewinnen.

Es ist eben sinnlos, Gott etwas vorzumachen. Und
es macht unglücklich, sich selbst etwas vorzumachen.
Wer aber den Mut zur Ehrlichkeit aufbringt, darf
schließlich auch die befreiende Erfahrung machen:
Gott hat mir vergeben.

Der Teufel ist im Kommen

Der Teufel ist tatsächlich im Kommen. Im deutschen Fernsehen wird ihm sogar schon Sendezeit eingeräumt. In der Show *The next Uri Geller* durfte vor einiger Zeit ein diabolisch anmutender Zauberer auftreten, ganz in Schwarz gekleidet. Bei seinen Tricks rief er verschiedene Male Satan oder Luzifer an, als hätte er seine Kunst der Macht des Teufels zu verdanken. Ist das nun bloß eine geschmacklose Effekthascherei? Oder ein gewissenloses Spiel mit zerstörerischen Kräften?

Das hängt davon ab, ob wir den Teufel ernst nehmen. Ich für meinen Teil nehme ihn ernst. Nein, nicht den Teufel mit Bockshörnern und Pferdefuß. Aber die Macht des Bösen. Wir haben sie in der Geschichte oft erlebt, nicht zuletzt in unserer eigenen, und wir können auch in unserem persönlichen Leben Erfahrung damit machen. Ich will eine kleine Geschichte dazu erzählen. Auf den ersten Blick wirkt sie ganz harmlos.

Da gestand mir vor vielen Jahren ein Zehnjähriger, seine kleine Schwester mit einer gefangenen Spinne die Treppe hochgejagt zu haben. Ich habe zunächst geschmunzelt und ihn beruhigt, das sei doch nicht weiter tragisch. Er aber wollte davon nichts wissen. «Nein», sagte er, «ich weiß ja, welche Angst meine Schwester vor Spinnen hat. Und es hat mir Spaß gemacht, meiner Schwester Angst einzujagen.» Da verstand ich, was er meinte. Er hatte seine eigene Böswilligkeit erlebt – und sie hatte ihm Freude verursacht. Eine diabolische Freude. Darüber war er zutiefst erschrocken.

Sehen Sie, das meine ich. Es gibt eine Lust am Bösen. Wenn wir uns dieser Lust überlassen, dann genießen wir es, Schaden anzurichten. Dann empfinden wir Freude über die Angst oder die Erniedrigung oder die Zerstörung eines anderen Menschen. Und das ist für mich das Teuflische: diese Genugtuung über das Unheil, das wir über einen anderen bringen, diese Lust an seiner Qual. Da brauchen wir uns den Teufel gar nicht mit einer Dämonenfratze vorzustellen. Eher dürfen wir ihn uns mit einem feinen, diabolischen Lächeln vorstellen, wenn wieder mal ein Fernsehzauberer die Macht des Bösen in einer geschmacklosen Show verharmlost. Sie ist nicht harmlos, weil diese Lust am Bösen in uns allen wohnt. Und weil sie ungeahnte Ausmaße annehmen kann. Deshalb nehme ich den Teufel ernst. Und deshalb finde ich Sendungen, in denen satanische Zauberer auftreten dürfen, gefährlich.

Da behauptet einer, Gottes Sohn zu sein

Es ist eine der dramatischsten Geschichten, die je auf-geschrieben wurden. Ein Mann geht sehenden Au-ges in den Tod, obwohl nichts und niemand ihn dazu zwingt. Keiner hindert ihn daran zu fliehen. Es ist Nacht, und noch könnte er sich im Schutz der Dun-kelheit davonmachen. Aber er bleibt da, wo sie ihn todsicher finden werden: in diesem Garten, unter diesen Olivenbäumen. Der Verräter ist schon unter-wegs. Vorhin, beim Abendessen mit seinen Freunden, hat ihn der Mann als Verräter entlarvt, aber niemand hielt ihn auf, als er hinauslief und in der Nacht ver-schwand. Jetzt wartet der Mann hier im Garten, wo er jeden Augenblick mit seiner Festnahme rechnen muss.

Da überfällt ihn Todesangst. Er wirft sich auf die Erde und fleht Gott an: Lass mich heil aus dieser Sa-che herauskommen! Er weiß, dass er keine Chance hat, wenn sie ihn finden. Doch warum flieht er dann nicht? Warum bittet er stattdessen Gott, er möge die Gefahr abwenden? Als könnte sie wie ein bö-ser Traum vorübergehen! Offenbar ist der Mann in-nerlich zutiefst zerrissen. Zerrissen zwischen Todesfurcht und seinem Auftrag. Seiner Bestimmung. Aber – sollte das wirklich seine Bestimmung sein: zu sterben? An ein Kreuz genagelt zu sterben? Er weint vor Angst. Aber er flieht nicht.

Und sie finden ihn. Sie verhaften ihn. In derselben Nacht noch stellen sie ihn vor Gericht. Und plötzlich keimt doch wieder Hoffnung auf, denn die Zeugen widersprechen sich. Was sie erzählen, reicht niemals für eine Anklage. Da fährt der Oberste Richter dazwischen und fragt den Gefangenen direkt:

«Stimmt es, dass du dich für Gottes Sohn hältst?»

«Ja», antwortet der Mann. «Ja, das bin ich.»

Damit ist alles klar. Der Kerl ist verrückt. Steht da, hilflos, gefesselt, in der Gewalt seiner Gegner, und behauptet, Gottes Sohn zu sein! Ein Irrer, ein Volksverführer, ein Gotteslästerer! Weg mit ihm! Anderntags schon hängt er am Kreuz, wie ein gewöhnlicher Verbrecher. Und stirbt. Den wäre man los. Wirklich? Nein! Denn zwei Tage später ist sein Grab leer. Und es spricht sich herum: Er lebt. Er ist auferstanden. Er ist tatsächlich der Sohn Gottes!

Eine ungeheuerliche Geschichte. Sie können sie im Markusevangelium nachlesen. Sie steht in den letzten drei Kapiteln. Und sie erzählt vom Sieg der Liebe über Angst, Hass und Tod. Lassen Sie uns gemeinsam mit der ganzen Christenheit diesen Sieg zu Ostern feiern. Den Sieg Jesu Christi und seine Auferstehung von den Toten.

Schule – ein Ort des Quälens

Wer eine Schule besucht, betritt nicht selten eine lieblose Welt. In fast jeder Klasse gibt es Kinder, die durch die Hölle gehen, weil sie von ihren Klassenkameraden nach Strich und Faden fertiggemacht werden. Gehänselt wurde auch früher schon. Aber mittlerweile sind die Methoden brutaler und die Kinder gnadenloser geworden. Es geht nicht mehr ums Hänseln. Es geht ums Quälen.

Es braucht nur jemand anders zu sein. Zum Beispiel Bücher zu lesen, statt vor dem Computer zu sitzen. Oder Schach zu spielen, statt Fußball. Oder einfach nur schüchterner zu sein als die coolen Jungen – oder Mädchen – der Klasse. Schon ist derjenige untendurch. Schon wird er zum Opfer, gegen das die anderen vorgehen, systematisch und in der Gruppe. Jede Schwäche wird ausgenutzt. Bloß Stärke zählt. Solidarität? Kameradschaft? Fairness? Selten anzutreffen. In dieser Welt scheint es nur Täter und Opfer zu geben. Wer kein Opfer sein will, schlägt sich besser auf die Seite der Täter und macht mit. Spuckt, schlägt, beschimpft, verspottet.

Sie meinen, dieses Bild sei zu schwarz? Untersuchungen sprechen von einer halben Million Kinder in Deutschland, denen in der Schule von ihren eigenen Mitschülern Gewalt angetan wird – seelische und auch körperliche Gewalt. Da kommt man auf etwa ein Kind pro Klasse. Oft sprechen diese Kinder nicht darüber, weil sie selbst schuld zu sein glauben. Oft schauen Lehrer und Direktoren weg, weil sie sich überfordert fühlen. Und oft verfallen die Opfer in Depression, hegen Selbstmordgedanken oder sogar Mordphantasien.

Warum empfinden Kinder kaum noch Mitleid mit Schwächeren? Liegt es daran, dass es beinahe zum Volkssport geworden ist, andere bloßzustellen? Im Fernsehen und im Internet kann man sich täglich an der Demütigung von Menschen ergötzen, die sich nicht wehren können. Und diese Kultur der Verhöhnung frisst sich in die Herzen unserer Kinder. Das ist schrecklich – und sicher eine Erklärung.

Ich habe noch eine weitere Erklärung. Es liegt auch daran, dass nur noch die wenigsten Eltern ihren Kindern die biblischen Geschichten erzählen. Dass kaum noch Kinder mit dem Gleichnis vom barmherzigen Samariter im Ohr aufwachsen. Dass Jesus Christus mit seiner Nächstenliebe kein Vorbild mehr für sie ist. Menschlichkeit muss man von klein auf lernen. Und sie fällt uns leichter, wenn die Gleichnisse und Geschichten der Bibel uns ein Leben lang begleiten.

Kondome und die Macht der Männer

Der Papst ist gegen Kondome? Der Papst ist dagegen, die Aidsepidemie in Afrika mithilfe von Verhütungsmitteln einzudämmen? So war es in den Zeitungen zu lesen, und viele haben sich darüber empört – wie kann ein Papst so stur und uneinsichtig sein? Weiß denn nicht jeder, dass Kondome vor der Übertragung von Aids schützen?

Ja, in der Tat, das weiß jeder, und der Heilige Vater weiß es auch. Aber er weiß auch etwas, das viele seiner Kritiker nicht wissen. Er kennt nämlich die Verhältnisse in Afrika. Er ist gut informiert darüber, dass Kondome bei afrikanischen Männern ziemlich unbeliebt sind. In allen Ortschaften entlang der großen Überlandstraßen Afrikas, in denen die Lkw-Fahrer Rast zu machen pflegen, liegen auf den Nachttischen der Prostituierten Kondome. Trotzdem sind die Frauen dort nach kurzer Zeit infiziert. Kondome nützen nichts, wenn man sie nicht gebraucht. Außerdem haben sie einen hässlichen Nebeneffekt: Sie leisten nämlich einem gewissenlosen und rücksichtslosen Sexualverhalten Vorschub. Sie erleichtern es den Männern, Frauen als reine Lustobjekte zu behandeln – und oftmals trauen sich afrikanische Frauen nicht, den Wünschen der Männer Widerstand zu leisten. Nur ein Beispiel: Als ich in Togo junge Mönche nach der Zahl ihrer Geschwister befragte, bekam ich zögerliche Antworten. Elf? Oder vierzehn? Oder neunzehn? Sie wussten es nicht genau. Sie stammten zwar alle von derselben Mutter ab, hatten aber verschiedene Väter.

Der Papst kennt diese Verhältnisse, und eine Studie der Harvard University gibt ihm recht. Sie kommt zu dem Ergebnis, dass der Rückgang von Aids in Uganda weniger Kondomen zuzuschreiben ist als vielmehr einer veränderten Einstellung zur Sexualität. In Uganda zählt eheliche Treue heute mehr als in der Vergangenheit. Vor allem junge Männer sind entschlossen, die Ehe ernster zu nehmen als ihre Väter. Und junge Frauen unterwerfen sich nicht mehr so einfach dem Willen der Männer wie ihre Mütter.

Genau das hat der Papst gesagt und gemeint. Kondome zementieren die traditionelle Macht der Männer. Aber sie lösen nicht das Aidsproblem. Viele Afrikaner haben inzwischen besser als wir Europäer verstanden, dass nur eheliche Treue und Respekt vor den Frauen der Aidsepidemie Einhalt gebieten können. Sie werden dem Papst für seine Worte dankbar sein.

Discountpreise für die Gaben Gottes

65 Cent für ein halbes Pfund deutscher Markenbutter – ist das nicht ein Grund zur Freude? 1,49 Euro für eine Flasche Prosecco – ist das nicht unwiderstehlich? Das sind keine Sonderangebote, wohlgemerkt, sondern Dauerpreise, mit denen ein großer deutscher Discounter in der Tageszeitung wirbt. Über eine ganze Seite geht es von Preissenkung zu Preissenkung, und man traut seinen Augen kaum: Auch alles andere ist ähnlich spottbillig wie die Butter und der Prosecco!

Offen gesagt, mir geben solche Preise zu denken. Mir ist nicht wohl dabei. Nehmen wir nur einmal die Butter. Da geht es um ein hochwertiges, schmackhaftes Produkt, und diese Köstlichkeit soll es beinahe zum Nulltarif geben? Wie ist das möglich? Butter fällt ja nicht vom Himmel. Butter wird immer noch aus Milch gemacht, und diese Milch stammt immer noch von Kühen. Diese Kühe brauchen einen Stall. Sie brauchen Futter, viel Futter. Sie brauchen Pflege und von Zeit zu Zeit einen Tierarzt. Und außerdem trinken sie selbst erst einmal Milch, bevor sie Milch geben – mehr als zwei Jahre dauert es nämlich, bis ein

Kalb zur Milchkuh wird. Der Butterhersteller, also der Bauer, muss mithin viel Geld und Arbeit einsetzen, damit überhaupt Milch fließt. Und dann benötigt er für ein halbes Pfund Butter gleich mehrere Liter Milch. Mit anderen Worten: Der Arbeitsaufwand wie die Herstellungskosten für Butter sind sehr hoch. Und so gesehen, sind 65 Cent ein empörender Preis. Ein Spottpreis im wahrsten Sinne des Wortes. Für uns Verbraucher ein Geschenk, für den Hersteller aber ruinös.

Dieser Spottpreis bedeutet also: Nicht nur die Butter ist nichts wert. Auch die Arbeit der Produzenten, des Bauern, des Butterherstellers ist nichts wert! Stellen wir uns einmal vor, unsere eigene Arbeit würde so erbärmlich entlohnt – wir würden streiken. Wir würden auf die Straße gehen. Wir würden von Halsabschneiderei sprechen. Zu Recht. Und davon abgesehen – wenn uns die Lebensmittel nachgeworfen werden, verlieren wir das Gefühl dafür, wie kostbar sie sind. Ich erinnere mich noch, mit welcher Ehrfurcht bei uns daheim von «guter Butter» gesprochen wurde. Damals war sie noch teuer. Wir strichen sie geradezu andächtig aufs Brot. Und wenn wir vor dem Essen Gott für seine Gaben dankten, kam es von Herzen. Ich würde bei Lebensmitteln also nicht nur auf den Preis schauen – und zwar aus Achtung vor der Gottesgabe und aus Achtung vor der Arbeit, die da drinsteckt.

Ein starkes Leben mit Geschwistern

Es war vor einiger Zeit in Jerusalem. Ich bin in einer Besprechung mit meinen Mitbrüdern von der Abtei Dormitio, als zwei Fotos auf meinem Laptop auftauchen. Eine Freundin aus der Volksschulzeit schreibt mir. Sie ist zum zweiten Mal Großmutter geworden und wahnsinnig stolz. Auch ich soll wissen, was für ein süßes neues Enkelkind sie hat. Und wirklich. Auf dem ersten Foto ist er zu sehen, der kleine Martin, und ich muss zugeben: zum Knuddeln süß. Ein richtig netter Kerl. Ich kann mir vorstellen, wie das Herz einer Großmutter da aufgeht.

Aber das zweite Foto berührt mich noch mehr. Es zeigt sein Schwesterchen, die zweieinhalbjährige Elisabeth, wie sie neben dem kleinen Martin liegt und ihn liebevoll anschaut. Was wohl in ihr vorgeht? Wir werden es nie erfahren. Aber eines kann man sagen: Ihr Leben wird sich ändern. Von nun an steht sie nicht mehr im Mittelpunkt. In Zukunft wird ihr Brüderchen sie auf ihrem Lebensweg begleiten. Und Martin wird für sie immer wichtiger werden. Denn mit ihm lernt sie jetzt vieles, was Menschen können müssen, wenn sie im Leben bestehen wollen. Sie wird lernen zu teilen – also großzügig zu sein. Sie wird lernen zu verzichten – also nicht immer ihren Willen zu bekommen. Sie wird lernen, sich durchzusetzen – also ein gesundes Selbstbewusstsein zu entwickeln. Und sie wird dies alles lernen, weil es gar nicht anders geht, weil Elisabeth ihrem Bruder Martin über viele Jahre hinweg gar nicht ausweichen kann. Leicht wird das nicht. Es wird Streit geben, es werden Tränen fließen. Da ist es gut, dass die beiden Eltern haben. Eine Mutter und einen Vater, die wissen, wie wichtig ein starker Gemeinschaftssinn ist.

Nein, im Mittelpunkt wird sie von nun an nicht mehr stehen. Aber sie wird die Erfahrung machen, dass sie durch ihren Bruder um vieles reicher wird. Irgendwann wird ihr das bewusstwerden, und dann wird sie ihren Eltern für ihren Bruder dankbar sein. Ein Bruder oder eine Schwester, das ist ein Verbündeter fürs Leben. Und wenn Elisabeths Eltern einmal von dieser Erde gegangen sind, wird sie in Martin hoffentlich jemanden finden, der genauso fest zu ihr steht wie Vater und Mutter früher. In diesem Zusammengehörigkeitsgefühl liegt die große Stärke einer Familie. Deshalb finde ich: Geschwister zu haben, ist eines der wunderbarsten Geschenke, die Gott uns machen kann.

Offenheit ist nicht immer ein Segen

Sie sind ein offener Mensch? Für alles offen? Wenn nicht, dann sollten Sie sich schleunigst öffnen! Denn Offenheit wird heute erwartet – von Ihnen, von mir, von jedem. Wer nicht offen ist, der wird schief angesehen. Der muss verbohrt, engstirnig und intolerant sein – was keiner will. Also schließen wir uns besser einer weitverbreiteten Meinung an und glauben ebenfalls: Nur ein offener Mensch ist ein guter Mensch. Nämlich umgänglich, vorurteilslos und tolerant.

Wenn ich wieder mal zu hören bekomme, man müsse für alles offen sein, dann stelle ich mir einen offenen Menschen vor. Ich stelle ihn mir bildlich vor. Und dann sehe ich eine Person, durch die alles hindurchgeht und bei der nichts hängenbleibt. Alles, was sie sieht und hört, muss sie schlucken, alles muss sie sich bieten lassen, weil sie sich nicht verschließen darf. Aber sie kann auch nichts bei sich behalten. Alles muss sie ausplappern, alles von sich preisgeben, weil sie ja offen ist. Bei einem offenen Menschen geht alles genauso schnell rein wie raus. Er kann buchstäblich nichts für sich behalten. Er ist durchlässig und durchsichtig. Wenn wir uns die Offenheit so vorstellen, ist sie nicht unbedingt ein Segen. Da kann sie auch ein Fluch sein.

Manchmal sind mir dann die verschlossenen Menschen lieber. Menschen, die in ihrem Herzen etwas bewahren können. Die ihr Inneres vor fremden Blicken und Ohren schützen. Und die ihre eigenen Augen und Ohren verschließen können vor den Albernheiten und Dummheiten dieser Welt. Die Verschlossenen haben oft ihre eigene, klare Meinung, aber sie müssen sich nicht ständig offenbaren. Sie haben etwas zu sagen, aber sie machen nicht viel Aufhebens davon. Sind sie deshalb verbohrt, engstirnig und intolerant?

Gewiss, es ist schön, wenn man sich öffnen kann. Offenheit kann uns bereichern und befreien. Aber es ist kein Patentrezept für eine gute, friedliche Welt. Wer für alles offen ist, durch den bläst es nur hindurch. Der kann keinen Widerstand leisten. Der kommt gar nicht zur Besinnung. Deshalb muss man sich bisweilen verschließen – und manchmal vielleicht sogar einschließen. Um dann, in der Stille, im Selbstgespräch und im Gebet, erst einmal Klarheit über sich selbst zu gewinnen. Nein, nichts gegen Offenheit. Aber für eine gute, friedliche Welt sind Menschen, die Klarheit über sich selbst gewonnen haben, womöglich ein noch größerer Segen.

Lieben wir unsere Nächsten wirklich?

Nächstenliebe – wir Christen haben sie groß auf unsere Fahnen geschrieben. Aber was ist das? Merkt man uns an, dass wir unsere Nächsten lieben? Merkt man es mir an?

Vor einiger Zeit war ich mir auf einmal nicht mehr so sicher. Es passierte an einem Sonntagmorgen bei uns in der Kirche von Sant'Anselmo. Beim gemeinsamen Auszug der Mönche nach dem Gottesdienst sah ich hinten im Kirchenschiff eine betende Frau knien. Eine unserer Angestellten. Sie hatte die Hände vor dem Gesicht gefaltet. Eine bescheidene Frau, so viel wusste ich. Sie reinigt unsere Hörsäle und Gänge. Worum mochte sie beten? Für ihre Familie vielleicht? Hatte sie überhaupt eine?

Mit Schrecken stellte ich fest, dass ich mir diese Frage noch nie gestellt hatte. Ich sah sie an. Sie ist klein gewachsen, etwas rundlich und trägt das dünne Haar glatt herabgekämmt. Keine Schönheit, wahrhaftig nicht. Und doch: Wann immer ich ihr begegne, grüßt sie mich höflich und lächelt. Ihre Augen glänzen dann. Sie achtet mich offenbar. Und ich? Achte ich sie ebenfalls? Das habe ich bis jetzt geglaubt. Immerhin grüße ich ja freundlich zurück, wenn wir uns zufällig über den Weg laufen. Doch plötzlich war ich mir nicht mehr sicher, ob ich sie wirklich als einen ebenbürtigen Menschen ansehe. Als einen Menschen, der nicht weniger wert ist als ich. Sie verrichtet eine andere Arbeit als ich, das ist wahr, das springt ja ins Auge, wenn man uns sieht: Sie steht mit ihrem Putzeimer da, ich laufe mit meinem schwarzen Gewand und dem silbernen Brustkreuz darüber an ihr vorbei. Aber das sind Äußerlichkeiten. Sollten zumindest Äußerlichkeiten sein. Wie heißt sie überhaupt? Mir fiel auf, dass ich nicht einmal ihren Namen kannte. Ich hatte ihn schon oft gehört, mir aber nie eingeprägt.

Wir Christen wollen die ganze Welt retten, dachte ich. Wir wollen aller Welt zeigen, was Nächstenliebe ist. Aber wo liegt diese Welt? Sie liegt vor unserer Nase, es ist die kleine Welt um uns herum.

Ich beschloss, mich nun als Erstes nach dem Namen dieser Frau zu erkundigen und mich bei nächster Gelegenheit mit ihr zu unterhalten. Ich wollte mehr über sie wissen – schließlich arbeitet sie genauso für unser Haus wie ich. Was ist also Nächstenliebe? Manchmal einfach nur das Interesse an Menschen, die man leicht übersieht.

Tempolimit für Erwachsene

Es war auf einer Straße in Rom. Während ich gerade etwas in meiner Umhängetasche suchte, fiel mir im Getümmel der Menschen eine alte Frau auf. Sie mochte Mitte siebzig sein, eine kleine, hagere Person, aber noch sehr flink auf den Beinen. An einer roten Leine hatte sie einen winzigen, zotteligen Hund. Sie hastete auf mich zu, und die Beinchen des Hundes kamen fast nicht nach. Offenbar hatte der arme Kerl es aufgegeben, sich gegen das Tempo seines Frauchens zu sträuben. Die kleinen Beine flitzten nur so. Manchmal straffte sich die Leine, aber dann zog die alte Dame, es gab einen Ruck, und er rannte wieder. Er tat mir leid, der Kleine, aber bevor ich meine Sprache wiedergefunden hatte, waren Hund und Frau schon um die nächste Ecke gebogen.

Ich fühlte mich an meine Kindheit erinnert. Wie oft hing ich damals an der Hand von Erwachsenen, die mich mitnahmen, aber nie bedachten, dass meine Beine viel kürzer und meine Schritte viel kleiner waren als ihre. Auch ich musste oft so rennen wie dieser Hundewinzling, während die Großen, die Männer besonders, mit ihren langen Beinen kräftig ausschritten.

Ich hätte mich dann gern losgerissen, schaffte es aber nicht, meine Hand dem festen Griff des Erwachsenen zu entwinden.

Eigentlich ist es ja etwas Wunderbares, als Kind mitgenommen und an der Hand geführt zu werden. Man spürt in diesen Momenten, dass man zusammengehört, man fühlt sich sicher und geborgen, man braucht keine Angst zu haben. Geführt zu werden, das nimmt man besonders dann dankbar an, wenn alles um einen her fremd ist oder der Weg beschwerlich. Aber denken wir uns als Erwachsene auch in die Kinder hinein? Wenn wir sie an die Hand nehmen und führen, müssen wir uns auf sie einstellen. Wir dürfen sie nicht mit unserem Tempo überfordern. Sie brauchen Zeit – manchmal mehr Zeit, als wir ihnen zugestehen wollen.

Sie haben es sicher auch schon erlebt: Da bringen Kinder nicht das, was man als Eltern von ihnen erwartet. Sie stellen sich dumm an, sie haben anderes im Kopf, sie sind verträumt oder desinteressiert. Was soll aus denen werden?, schießt es einem durch den Kopf. Nur Geduld! Sie entwickeln sich ganz erstaunlich, wenn wir sie nicht unaufhörlich unter Druck setzen. Gott macht es genauso mit uns Menschen: Er führt uns mit großer Geduld. Und wenn der Allmächtige sich Zeit mit uns nimmt, machen wir bestimmt nichts falsch, wenn wir unsere eigenen Kinder auch nicht antreiben.

Musizieren gegen die Kräfte
der Zerstörung

Immer wieder mal kommt es im Leben zu Augenblicken tiefer Erschütterung. Sie sind uns nicht lieb, diese Augenblicke. Wir suchen sie nicht, weil sie uns vor Augen führen, dass alles einmal zu Ende geht und auch wir selbst sterben müssen. Kein Glück ist von Dauer – wer möchte daran erinnert werden? Aber wenn wir dann einen solchen Augenblick der Erschütterung erleben, stellen wir manchmal fest: Unser gemeinsames Schicksal, sterben zu müssen, verbindet uns Menschen mehr als das Glück. Ich habe das einmal sehr intensiv erlebt.

Im April 2009 hatten wir in Sant'Anselmo den 900. Todestag unseres Namenspatrons begangen, des heiligen Anselm von Canterbury. Es gab einen festlichen Gottesdienst, es gab eine Tagung über das Denken dieses großen mittelalterlichen Philosophen und Gottesmanns, und es gab zum Abschluss ein Konzert in unserer Kirche – mit einem Orchester, das aus der italienischen Stadt L'Acquila kam.

Bei der Planung dieses Konzerts hatten wir nur an die herrliche Musik von Antonio Vivaldi und Giovanni Pergolesi gedacht. Dann kam am 6. April 2009 das Erdbeben. Das Erdbeben in den Abruzzen, das die Stadt L'Acquila und viele andere, kleinere Orte zerstörte. Die Musiker des Orchesters, das wir eingeladen hatten, überlebten alle – aber nur, weil sie am Abend des Unglücks in einer anderen Stadt aufgetreten waren. Ihr Zuhause hatten viele von ihnen verloren, und einige mussten mit dem Tod von Familienangehörigen fertigwerden. Sie selbst wohnten jetzt in einem Zeltdorf außerhalb der Stadt oder waren bei Freunden und Verwandten untergekommen.

Diese Musiker hätten allen Grund gehabt, das Konzert abzusagen. Jeder hätte verstanden, dass sie vor Trauer und Gram nicht spielen konnten. Aber sie sind gekommen und haben musiziert. Die Musik, sagten sie, sei für sie zur Sprache der Hoffnung geworden. Bisher hatte ich Musik für die Sprache des Herzens gehalten, die alle Grenzen überwindet. Doch an diesem Abend entströmte der Musik eine Kraft, die ich nicht für möglich gehalten hätte. Jeder Akkord war der Ausdruck einer gemeinsamen Zuversicht, und jeder im Publikum spürte: Die Freude wird über die Trauer siegen und das Leben über den Tod. Das Leid dieser Musiker hatte uns tief erschüttert. Umso stärker empfanden wir ihre Musik als die Botschaft ihres Glaubens. Und diese Botschaft lautete: Die Kräfte der Zerstörung werden nicht die Oberhand behalten. Es war, als wären wir alle Zeugen der Auferstehung geworden.

Das Grauen hat nicht das letzte Wort

Vor Jahren war ich einmal auf Haiti. Tagelang ging es auf schmalen Bergpfaden zu abgelegenen Dörfern im Norden der Insel – ich auf dem Rücken eines Maultiers sitzend. Es war abenteuerlich. Einmal zielte während einer Messe ein Gewehrlauf durchs Fenster auf mich – ich zelebrierte trotzdem weiter, und nichts geschah. Die Menschen in diesen Bergdörfern gehörten zu den Ärmsten der Armen, aber ihre Freude war überwältigend. Wo ich hinkam, herrschte Hochstimmung, und nach jeder Messe wurde ausgelassen gefeiert. So habe ich Haiti in Erinnerung.

Und dann das Erdbeben. Niemand wurde verschont. Selbst der Erzbischof von Port-au-Prince wurde verschüttet, seine Kathedrale liegt in Trümmern. In der Not gibt es auch für Christen keine Privilegien, so als müsse Gott das Unheil wenigstens von denjenigen fernhalten, die an ihn glauben. Nein. Auch Christus hat am Karfreitag Qualen gelitten, auch Christen leiden, wenn alle leiden. Gott verspricht seinen Gläubigen nicht, dass sie im Leben besser wegkommen als andere. Glück versprechen nur die falschen Götter, die Hokuspokus-Götter der Amulette und der magischen Rituale.

Aber etwas anderes haben die Christen, und nur sie. Sie haben Ostern. Sie wissen, dass auf die Qualen des Karfreitags die Auferstehung folgt. Dass das Grauen nicht das letzte Wort hat. Dass die Verzweiflung nicht das letzte Wort hat. Dass nicht einmal mit dem Tod alles zu Ende ist. Christus ist auferstanden. Er ist durch Leid und Tod hindurchgegangen zu einem neuen Leben. Und wer an Christus glaubt, der wird dasselbe erleben wie er – kein Unheil kann uns dazu bringen, diese Hoffnung aufzugeben.

Was ist Glaube? Eine Hoffnung, die auch dann noch hält, wenn um uns her alles einzustürzen droht. Eine Gewissheit, aus der wir Zuversicht schöpfen, wenn wir sie am nötigsten brauchen. Eine Kraft, die uns davor bewahrt, aufzugeben, wenn das Leben mit einem Mal sinnlos erscheint. Was würden die Menschen auf Haiti ohne einen solchen Glauben machen? Lassen Sie uns diesen Glauben zu Ostern gemeinsam feiern. Im Gedenken an die Jünger, die als Erste die Erfahrung machten: Jesus lebt – der Tod ist überwunden! Und im Gedenken an die Haitianer, die heute im Glauben dieselbe Erfahrung machen dürfen.

Mein persönliches kleines Pfingsten

Pfingsten – alle Jahre wieder feiert die Kirche dieses große Fest, und immer weniger Menschen können etwas damit anfangen. Erinnern Sie sich, worum es da geht? Um die Ausschüttung des Heiligen Geistes, ja, das stimmt, aber – was heißt das? Und was geht uns das an?

Ich könnte versuchen, das sachlich zu erklären. Ich könnte zum Beispiel sagen: Der Heilige Geist ist jene Kraft, die unter allen Menschen Verbundenheit erzeugt. Er öffnet uns die Augen dafür, dass wir alle Brüder und Schwestern sind. Der Heilige Geist radiert die Unterschiede zwischen den Menschen nicht aus, aber er verhilft uns zu der Einsicht, dass wir als Kinder Gottes trotz aller Unterschiede zusammengehören. Wir Christen halten diese Einsicht für ein Geschenk Gottes und feiern Pfingsten als den Tag, an dem uns dieses Geschenk gemacht wurde.

Aber ich will es nicht bei dieser Erklärung belassen, sondern Ihnen von einem Erlebnis erzählen, das ich in Indien hatte. Es war während einer Tagung mit den Ordensoberen sämtlicher Benediktinerklöster Indiens. Wir trafen uns in Vijayawada, einer Pilgerstadt im Osten Indiens mit zwei bedeutenden Heiligtümern: einem Hindutempel und einer katholischen Pilgerstätte. Letztere ist der Muttergottes geweiht und erstaunlicherweise bei Hindus, Muslimen und Christen gleichermaßen beliebt. Irgendwann im Lauf unserer Sitzung machten wir einen Ausflug zu den beiden Stätten, und gerade an diesem Tag hatten sich etwa eine Million Pilger in der Stadt versammelt.

Beim Aufstieg zu dem Muttergottes-Heiligtum legte ich auf halbem Weg Rast in einer Kirche ein. Ich wollte nur still für mich vor dem Hochaltar beten, und da geschah es: Ein Inder kam auf mich zu und bat um meinen Segen. Wer war er? Ein Christ? Ein Hindu? Ein Muslim? Es war nicht zu erkennen. Egal. Ich legte ihm die Hände auf, betete für ihn – und war im nächsten Moment von Männern, Frauen und Kindern umringt, die ebenfalls meinen Segen erbaten. Und es wurden immer mehr. Aber wieso kamen diese Menschen zu mir? In Hose und Hemd war ich weder als Benediktiner noch als Priester zu erkennen. Nun gut, ich segnete sie alle, bis ich weitermusste.

An diesem Tag habe ich mein persönliches kleines Pfingsten erlebt. Denn in diesen Minuten waren wir alle Brüder und Schwestern im Glauben an die Güte und Liebe Gottes – gleichgültig, welcher Religion einer angehörte. Wir waren Gleichgesinnte. Und ich würde mich wundern, wenn der Heilige Geist nicht ein bisschen daran mitgewirkt hätte.

Der Umgangston,
der aus dem Herzen kommt

Der *Umgangston* – ein schönes deutsches Wort. Vielleicht ein bisschen aus der Mode gekommen. Erinnern Sie sich, wie viel Wert bei uns noch vor einigen Jahrzehnten darauf gelegt wurde – auf den guten, den richtigen Umgangston? Seither ist es immer stiller um ihn geworden. Und es mag ja auch tatsächlich sein, dass unser alter Umgangston etwas brav war. Der heutige Umgangston ist direkter, ungezwungener, und niemand würde ihn mehr gut oder richtig nennen.

Was ich schade finde. Nicht, dass ich etwas gegen einen frischeren, direkteren Umgangston habe, aber … Muss er deshalb auch rauer, gröber werden? Manchmal erschrecke ich, wie laut und roh der Umgangston unter Jugendlichen geworden ist. Und es schaudert mich bisweilen, wenn ich mitbekomme, welch mürrischer Umgangston gelegentlich in der Arbeitswelt herrscht. Ein Bekannter erzählte mir von einer Großbaustelle, wo die Vorgesetzten nur im Befehlston mit ihren Arbeitern verkehren. Jemanden um etwas zu bitten, wird dort für Sentimentalität gehalten. In solchen Fälle denke ich etwas wehmü-

tig an unseren guten, alten Umgangston zurück –
der schaffte wenigstens ein Klima von Respekt und
Menschlichkeit.

Wenn es also schon keinen richtigen Umgangston mehr gibt, so gibt es doch immer noch einen falschen. Gottlob erlebe ich aber oft genug, dass es auch
anders geht – direkt und gleichzeitig freundlich. Vor
einiger Zeit auf einer Taxifahrt zum Münchner Flughafen zum Beispiel. Kaum hatte ich im Taxi Platz genommen, ging die Unterhaltung los: Wer ich sei?,
wollte der Fahrer wissen. Woher ich komme? Wohin
ich fliege? Er konnte mit meinem Beruf nicht viel anfangen, er war ein Muslim aus der Türkei, aber gleich
darauf erfuhr ich, dass seine Tochter auf eine Real-
schule bei katholischen Schwestern gehe. Er war stolz,
sie dort untergebracht zu haben, und hatte sie sogar ermuntert, den Religionsunterricht zu besuchen.
Deutschland, sagte er, sei ein christliches Land, und
es könne doch nicht schaden, wenn sie christliche
Werte für ihr Leben mitbekomme. Wir redeten viel,
mal ernsthaft, mal scherzhaft, und beim Abschied
sagte er zu mir: «Die meisten steigen ins Taxi und sagen kein Wort. Aber mit Ihnen hat die Fahrt wirklich
Spaß gemacht.»

Mir war es genauso gegangen. Doch, habe ich gedacht, es gibt immer noch einen richtigen Umgangston. Es ist der, der aus einem anteilnehmenden Herzen kommt.

Faule Eltern sind gute Eltern

Gute Eltern sein – ganz einfach? Kindererziehung – gar nicht so schwer? Kaum zu glauben, aber genau das behauptet der englische Autor Tom Hodgkinson. Und ich finde, er hat recht.

Ich muss gestehen, ich hatte immer eine gewisse Sympathie für die antiautoritäre Erziehung. Ich hielt und halte sie zwar für falsch, aber einen Vorteil hatte sie doch: Antiautoritäre Eltern trauten ihren Kinder zu, allein zurechtzukommen. Die konnten ihren Nachwuchs auch einfach mal machen lassen, stundenlang. Die mussten nicht ständig schlichtend und tröstend und ermahnend eingreifen. Ich finde das gut, denn Kinder, die in Ruhe gelassen werden, sind glücklichere Kinder. Und mit glücklichen Kindern kommt man einfach besser aus. Was sagt nun Tom Hodgkinson dazu? Er sagt: Faule Eltern sind gute Eltern. Er sagt: In der Erziehung ist weniger mehr. Wie das gemeint ist?

Nur nicht zu viel machen, heißt das. Sich bloß nicht für seine Kinder aufopfern. In einer Familie darf sich das Leben nicht um die Kinder drehen. Faule Eltern leben ihr eigenes Leben so gut es geht weiter wie bisher und lassen ihre Kinder daran teilhaben. Sie respektieren auf diese Weise, dass auch Kinder ihr eigenes Leben führen wollen. Natürlich, Kinder brauchen Eltern – aber nicht als Erzieher, nicht als Aufpasser, nicht als Rundumbetreuer. Sie brauchen Eltern vor allem als Vorbilder, denen sie mit Liebe und Respekt begegnen können. Doch hektische, aufgeregte, ständig besorgte Eltern sind keine Vorbilder. Denen möchte man als Kind möglichst bald entkommen. Faule Eltern hingegen schaffen daheim mit ihrer Gelassenheit, ihrer Großzügigkeit und Unaufgeregtheit eine Atmosphäre der Freiheit. Und die brauchen Kinder. Von solchen Eltern fühlen sie sich verstanden, zu solchen Eltern haben sie Vertrauen. Mit solchen Eltern arbeiten sie auch gern zusammen, solchen Eltern gehorchen sie sogar bereitwillig.

«Das Entscheidende am Elternsein ist nicht, was Sie *tun*», schreibt Hodgkinson, «sondern welche Beziehung Sie zu Ihrem Kind haben. Wie Sie *sind*, darauf kommt es an.» Mit anderen Worten: Eltern sollten sich vor allem selbst erziehen – zu Geduld, zu freundlicher Gelassenheit, zum Respekt gegenüber den eigenen Kindern. Sie werden dann erleben, dass deren Erziehung mit einem Mal gar nicht mehr so schwer ist.

Energiebündel und Draufgänger – aus diesem Holz sind Heilige geschnitzt

Wer braucht eigentlich noch Heilige? Wer kann heute noch etwas mit ihnen anfangen? Es ist ja merkwürdig: Sie sind nach wie vor allgegenwärtig, die Heiligen, zumindest in den katholischen Gegenden Deutschlands. Sie schauen nach wie vor von den Portalen der Kirchen auf uns herab, sie stehen immer noch auf ihren Sockeln, auf ihren Brunnen, auf ihren Brücken und in ihren Nischen an den Wänden alter Häuser. Es muss also einst eine Zeit gegeben haben, in denen sie furchtbar wichtig waren, die Schutzpatrone, die Nothelfer, die Heiligen für jede Gelegenheit. Aber – was sollen wir jetzt noch mit ihnen? Haben sie nicht ausgedient? Ist es nicht so, dass dort, an den Kirchenportalen, genauso gut irgendwelche Märchenfiguren stehen könnten?

Ja, sie haben ausgedient. Als Zauberkünstler haben sie ausgedient. Wir brauchen diese Tausendsassas nicht mehr, die verlorene Gegenstände wieder herbeizaubern, die uns in Form von Autoschlüsselanhängern sicher durch den Verkehr geleiten, die unser Haus vor Feuersbrunst bewahren. Vergessen wir diese Fabelwesen und schauen wir uns die Heiligen einmal genauer an. Einen Heiligen wie Johannes von Gott zum Beispiel. Was war das für einer?

Ein Streuner und Abenteurer – in der ersten Hälfte seines Lebens jedenfalls. 1495 wurde er in einem Dorf in Portugal geboren, war Hirte, kämpfte gegen die Türken, verdiente später als Geschäftsmann gutes Geld. Da wurde er während einer Predigt von Gottes Wort getroffen. Fortan stellte er sich in den Dienst der Kranken, und es ist unglaublich, was er geleistet hat. In der spanischen Stadt Granada richtete er das erste moderne Krankenhaus ein. Sorgte für ärztliche Betreuung. Pflegte die Kranken selbst. Trug Gebrechliche auf dem eigenen Rücken in sein Hospital. Nahm auch Geisteskranke auf und behandelte sie wie Menschen. Kaufte Prostituierte frei. Reiche Förderer in ganz Spanien finanzierten seine Projekte, weil sie in ihm die Liebe Gottes am Werk sahen. Bei dem Versuch, einen Jungen aus den Fluten eines Flusses zu retten, starb er. Da war er fünfundfünfzig.

Johannes von Gott kannte das Leben. Er war ein Energiebündel, ein Draufgänger – und zugleich jemand, der seinen Mitmenschen wie Jesus Christus begegnet ist. Aus solchem Holz waren und sind die Heiligen geschnitzt. Und deshalb brauchen wir sie immer noch. Nicht als Zauberkünstler. Aber als Vorbilder, in denen die Liebe Gottes sichtbar wird.

Verständnis dafür, wenn man aus der Reihe tanzt

Wie wohltuend! Man tanzt aus der Reihe, man hält sich einmal nicht an die Regeln – und erntet keine zornigen Blicke, kein entnervtes Augenverdrehen, keine empörten Kommentare! Stattdessen Verständnis und freundliche Gesichter ringsum! Auf Menschen zu treffen, die sich in die Lage eines anderen hineinversetzen können – wie angenehm! Ich habe das vor einiger Zeit erlebt und bin immer noch froh darüber.

An dem Tag, von dem ich spreche, ging zunächst alles schief. Ich stand auf dem römischen Flughafen «Leonardo da Vinci» in der Schlange vor dem Alitalia-Schalter, und nichts rührte sich. Ich wollte nach Tel Aviv, und die Zeit wurde allmählich knapp. Was tun? Ich wandte mich an eine Dame von Alitalia, die zufällig vorbeilief. Sie schaute gleich in ihren Computer, und siehe da: Mein Name stand gar nicht auf der Passagierliste! Also erst einmal ein Ticket kaufen, oder? Vorsichtshalber sah ich noch einmal in meinen Reiseunterlagen nach und stellte fest, dass ich auf die israelische Fluggesellschaft El Al umgebucht worden war. So, und jetzt? Der Flug sollte in einer halben Stunde abgehen.

Ich nehme den Shuttle-Bus, fahre zum nächsten Terminal, finde den El-Al-Schalter, stelle mich ans Ende der Schlange. Wieder tut sich nichts, und wieder ist die Schlange lang. Die Frau vor mir weiß natürlich auch nicht, was los ist. Aber sie gibt mir einen Rat. «Gehen Sie doch einfach nach vorn und fragen Sie dort», sagt sie. Das mache ich. Ich gehe an der ganzen Schlange vorbei, krieche unter der Absperrung hindurch – und niemand protestiert, niemand regt sich über mich auf. Vorn treffe ich auf eine Dame von El Al. Ich erkläre ihr meine Lage, und sie beginnt mit den üblichen Fragen, in aller Seelenruhe: «Haben Sie Ihren Koffer selbst gepackt? Hat ein Dritter Ihnen etwas mitgegeben?» Und so fort.

Da geht ein anderer Beamter dazwischen. Unterbricht die Frageprozedur, geleitet mich zu einem freien Schalter und stellt mir auch die Bordkarte aus. Jetzt noch die Sicherheitskontrolle. Wieder eine lange Schlange, wieder kein Vorwärtskommen. Und wieder lassen mich alle anstandslos vor, kaum dass ich ein paar erklärende Worte geäußert habe. Endlich sitze ich im Flugzeug, atme auf – und bin beschämt. Wie oft habe ich mich selbst schon über Leute geärgert, die sich vorgedrängt haben! Und wie viele Menschen haben in der letzten Stunde Verständnis für mich aufgebracht! So geht es also auch. Und es ist unglaublich wohltuend.

Wozu ist der Mensch auf Erden?

«Sie glauben doch nicht etwa an den Himmel?», fragte mich einer. Ein Christ. Ein katholischer Theologe. «Doch», sagte ich. «Ich glaube an den Himmel.» Da lächelte er mitleidig und wechselte das Thema.

Das ewige Leben? Damit kann man sich bei vielen unbeliebt machen. Da reagieren manche regelrecht empört. Kinderkram! Billiger Trost! Das kann es nicht geben! Lieber gar kein Lebensziel als die ewige Seligkeit! Nein, mit dem Tod ist alles vorbei – da sind sich die meisten ganz sicher.

Woher nehmen sie diese Sicherheit?, frage ich mich. Woher wissen diese Menschen, dass nach dem Tod nichts mehr kommt? Keine Ahnung. Ich weiß nicht, wie man in dieser Frage so sicher sein kann. Aber eins weiß ich: Wir verurteilen uns selbst zu einem Leben, das auf nichts hinausläuft, wenn wir den Glauben an ein Leben nach dem Tod aufgeben. Wir müssen uns dann mit einem Leben abfinden, das ins Leere läuft. Und dann gibt es nur eins: so viel wie möglich aus dem Leben herausholen, bevor sich der Sarg in die Erde senkt. So schnell wie möglich leben und so viel wie möglich mitnehmen, abstauben, absahnen. Und eh man sichs versieht, grassieren Unersättlichkeit und Gier wie eine Epidemie. Wir haben sie ja in den letzten Jahren erlebt, diese Gier. Wir erleben sie immer noch. Die Gier ist die Krankheit aller, deren Leben ins Leere läuft.

Doch seien wir ehrlich: Wer nichts von einem ewigen Leben wissen will, der weiß es ja auch nicht besser. Der ersetzt nur einen Glauben durch einen anderen. Der ersetzt den Glauben an den Himmel durch den Glauben an das endgültige Aus. Der tauscht Hoffnung gegen Hoffnungslosigkeit. Der wirft anderen vor, sich mit einer Illusion zu trösten, und klammert sich selbst an eine Illusion. An eine – im wahrsten Sinne des Wortes – todtraurige Illusion.

Nein, da glaube ich lieber daran, dass mein Leben auf Gott hinausläuft. Dass ich nach meinem Tod mit dem auferstandenen Christus an der ewigen Herrlichkeit teilhabe. Warum sollte ich alle Hoffnung fahrenlassen? Und ein schöneres Lebensziel als diese Verheißung vermag ich mir nicht vorzustellen. Ich glaube aber auch deshalb daran, weil mein Leben einen Sinn bekommt, wenn ich es auf dieses Ziel ausrichte. Dann geht es nämlich nicht mehr darum, so viel wie möglich aus dem Leben herauszuschlagen, sondern so viel wie möglich an Liebe zu schenken. Und ich bin überzeugt: Dazu ist der Mensch auf Erden.

Der Aufkleber mit der lachenden Hand

Nächstenliebe? Gutes tun? Ja, sicher. Jeder dürfte das für eine sympathische Seite des Christentums halten, diesen Einsatz für die Schwachen. Warum nur denken wir bei Nächstenliebe immer bloß an Alte, Kranke und Bettler? Warum verbinden wir Nächstenliebe fast automatisch mit Mildtätigkeit oder Barmherzigkeit?

Vielleicht, weil wir ganz bestimmte, ganz alte Bilder im Kopf haben: den heiligen Martin zum Beispiel, der seinen Mantel mit dem halbnackten Bettler am Straßenrand teilt. Oder den barmherzigen Samariter aus dem Gleichnis Jesu Christi, der dem Verletzten Erste Hilfe leistet und ihm so das Leben rettet. Und schon bekommt die Nächstenliebe für uns einen Beigeschmack von Mitleid und persönlichem Opfer, schon stellen wir uns dabei Nonnen in ihrer Schwesterntracht vor, die unermüdlich und selbstlos Kranke pflegen.

Aber Nächstenliebe kann auch ganz anders aussehen. Sie muss nichts Rührseliges haben. Und wir brauchen dafür auch gar nicht zu warten, bis wir von Mitleid überwältigt werden. Nächstenliebe – das kann auch eine gute, neue Idee sein, die man mit anderen zusammen verwirklicht. Ein fabelhafter Einfall, mit dem vielen geholfen ist. Ein Einfall, wie ihn zum Beispiel zwei Mütter in einer deutschen Großstadt hatten.

Was kann Kindern auf dem Weg zum Spielplatz oder zur Schule nicht alles passieren, was kann sie nicht alles in Angst versetzen: ein plötzliches Gewitter, ein Mann, der ihnen nicht geheuer ist, oder ein knurrender Hund, der sie verfolgt. Oder sie haben die Orientierung verloren, haben sich ein Knie aufgeschlagen, wollen sich vor pöbelnden Jugendlichen in Sicherheit bringen. Wer hilft dann? Die Geschäftsleute!, sagten sich die beiden Mütter. Dann müssten Kinder nur in den nächsten Laden gehen, und dort würde sich jemand um sie kümmern. Also sprachen sie in ihrem Viertel mit dem Bäcker, mit der Frau im Blumenladen, mit dem Besitzer des Eisenwarengeschäfts, und siehe da: Alle wollten mitmachen. Seither prangt an den Ladentüren des Viertels ein Aufkleber mit einer lachenden Hand, und die Kinder wissen: Überall, wo ich dieses Logo sehe, kann ich eintreten und darf sicher sein, dass mir geholfen wird. Eine gute Sache.

Auch so kann Nächstenliebe aussehen: Man ergreift die Initiative, man sucht sich Verbündete, man verwirklicht eine gute Idee. Und die Welt wird dadurch wieder etwas freundlicher.

Drei Minuten zu sich selbst zurückkehren

Schweigen kann etwas Schreckliches sein. Dieses Anschweigen zum Beispiel, das ich von einigen Klöstern her kenne, wo sich die älteren Brüder nichts mehr zu sagen haben. Oder das Schweigen des Ehemanns, der irgendetwas in sich hineinfrisst und, wenn er gefragt wird, einfach weiter vor sich hin brütet. Oder das Schweigen der Freundin, die nach einem Streit verstummt und auf nichts mehr reagiert, obwohl man sich so sehr nach einem klärenden Wort sehnt. Dieses Schweigen ist eisig, und eisiges Schweigen ist schrecklich.

Es gibt aber auch ein anderes Schweigen, und das ist etwas Wunderbares. Ein warmes Schweigen könnte man es nennen. Ein Schweigen, das einen innerlich zur Ruhe kommen lässt, sodass man seine eigenen Gedanken wieder hört, sich selbst wieder spürt. Dieses Schweigen können stressgeplagte Menschen in manchem unserer Klöster üben. Dieses Schweigen kann man erleben, wenn man nachts an einem Lagerfeuer sitzt und irgendwann keinem mehr nach Reden zumute ist. Und dieses Schweigen würde einem auch in der achten Klasse eines bestimmten deutschen Gymnasiums begegnen. Dort gibt es nämlich eine Lehrerin, die ihre Kinder zu Beginn des Unterrichts erst einmal schweigen lässt. Drei Minuten lang. Endlose drei Minuten lang. «Und sie schaffen es», erzählte sie mir. «Anfangs kostet es die Kinder größte Überwindung, aber sie schaffen es.»

Ich kann mir vorstellen, wie mühsam dieses Schweigen für Kinder ist. In ihrer Welt übertönt, überschreit einer den anderen. Da ist dem Mitteilungsdrang keine Grenze gesetzt. Dank Handy braucht der Redefluss nie abzureißen, und jeder darf alles mitbekommen, jeder muss auch alles mitbekommen. Und im Fernsehen wird das Innerste nach außen gekehrt, da wird geredet, bis man sich zum Gespött des Publikums gemacht hat – alles besser, als zu schweigen. Als müsste man platzen, wenn man nicht ständig mit allem herausplatzt. Als würde man in der Stille aufhören zu existieren.

Und plötzlich sollen sie schweigen. Für drei Minuten zu sich selbst zurückkehren. Spüren, dass das Leben weitergeht, wenn der Lärm sich gelegt hat. Entdecken, dass jeder eine zweite Stimme hat. Eine innere Stimme. Und dass diese innere Stimme Dinge zu sagen hat, die nur jeden Einzelnen etwas angehen. Ernste Dinge vielleicht. Wichtige Dinge.

Wunderbar ist dieses Schweigen. Mühsam und wunderbar.

Es gibt keine Garantie für das Leben

«Ich kann nicht beten», sagte mir eine Frau, die gerade wieder in die Kirche eingetreten war. Sie war überzeugt, damit das Richtige getan zu haben, sie ging auch gern und regelmäßig zur Messe, aber beten? Sie wusste nicht, wie man das anstellt. Sie hatte es im Lauf der Jahre verlernt. Sie bedauerte das.

Gottlob kann man das Beten auch wieder lernen. Ich glaube, das Entscheidende ist die innere Einstellung. Noch bevor wir die Augen schließen und die Hände falten, müssen wir uns klarmachen, warum wir beten. Wir sollten wissen: Beten setzt Demut voraus. Denn beim Beten überlassen wir uns Gott. Wir gestehen uns ein, dass wir nicht Herr der Lage sind. Dass wir für unser Leben keine Garantie übernehmen können. Dass wir von der Güte Gottes abhängig sind wie Kinder von der Liebe ihres Vaters (oder ihrer Mutter) – ob es nun um das tägliche Brot geht oder um die Gesundheit, das Familienglück, das Eheglück. Mit anderen Worten: Wir müssten erst einmal unsere ganze Selbstüberschätzung über Bord werfen.

Und dann sollten wir wissen, dass wir vor Gott nackt dastehen. So wie wir sind. So wie wir uns vielleicht selbst nicht sehen wollen, weil wir uns nackt unerträglich finden. Warum sollten wir das tun, fragen Sie? Weil wir uns dem Blick der Liebe aussetzen, wenn wir uns im Gebet dem Blick Gottes aussetzen. Und weil wir dann die Erfahrung machen: Es ist überflüssig, sich zu verstellen. Überflüssig, sich etwas vorzumachen. So, wie wir sind, sind wir Gott recht. Mit anderen Worten: Wir kommen ins Reine mit uns selbst.

Und jetzt können wir die Augen schließen und die Hände falten. Wahrscheinlich ist es am Anfang das Leichteste, ein fertiges Gebet zu sprechen, am besten in Gemeinschaft. Auch wir Mönche beten so, vor und nach jeder Mahlzeit zum Beispiel, es sind Dankgebete mit feststehendem Wortlaut. Für alle anderen bietet sich das Vaterunser während des Gottesdiensts an. Und später geht man zu persönlichen Gebeten über und betet in seinen eigenen Worten. Ein Sprechverbot gibt es dann nicht, alles ist erlaubt: Lob und Dank genauso wie Bitte und Klage. Aber wahrscheinlich werden Lob und Dank bald überwiegen, denn *eine* Wirkung hat das Gebet auf jeden Fall: Es zwingt uns, nichts für selbstverständlich zu halten und noch das kleinste Glück zum Anlass für ein Danke zu nehmen. Beten öffnet die Augen – schon deshalb sollten wir beten.

Flatrates und das Knausern mit Worten

Ich saß abends mit anderen in einem spanischen Kloster beisammen. Da beobachtete ich einen alten Mitbruder, der mitten im Gespräch den Dimmer betätigte, um das Licht zu dämpfen. Er wollte Energie sparen. Mir fielen daraufhin meine älteren Mitbrüder in meinem Heimatkloster St. Ottilien ein, die einem das Licht manchmal vor der Nase abschalteten. Die Sparsamkeit saß so tief in ihnen drin, dass sie beim Verlassen eines Raums automatisch das Licht ausmachten, auch wenn der Nächste schon eintrat.

Früher habe ich die Sparsamkeit dieser Leute als harmlose Marotte belächelt. Heute ist Energiesparen ein großes Thema der Politik. In Kürze wird es im Handel nur noch Sparlampen geben. Europa wird sich damit brüsten, in puncto Energiesparen vorbildlich zu handeln. Aber – sind wir wirklich bereit zu sparen? Uns einzuschränken? Auf das eine oder andere zu verzichten?

Ich denke an Bruder Adolf, unseren alten Pförtner in St. Ottilien. Vor einem Telefonat schrieb er sich jedes Wort auf, das er sagen wollte – einfach, um Kosten zu sparen. Nur kein Wort zu viel sagen, nur keine

Minute länger als unbedingt nötig telefonieren! Heute, im Zeitalter der Flatrates, erscheint uns das kurios. Und dass man am Telefon mit Worten knausern sollte, dürften viele als Zumutung empfinden. Wenn wir ehrlich sind, müssen wir wohl zugeben: Das Sparen liegt uns nicht. Wenn der Staat es so will, machen wir mit. Aber freiwillig?

Dabei gibt es gute Gründe, sich diese sparsamen Alten zum Vorbild zu nehmen. Wir sind Kinder des Wachstums. Wir sind groß geworden mit der Vorstellung, alles sei beliebig vermehrbar, alles ließe sich ständig steigern: die Produktion, das Bruttonationaleinkommen, der Wohlstand, der Hubraum, die PS-Zahl. Und plötzlich stellen wir fest: Die Erde gibt nicht mehr so viel her, wie wir haben wollen. Die natürlichen Vorräte sind begrenzt. Mit dem Wachstum geht es nicht ewig weiter. Jetzt müssen wir sparen, wenn wir die Welt für unsere Kinder erhalten wollen. Jetzt müssen wir uns daran erinnern, dass die Welt ein Gottesgeschenk ist, für das wir die Verantwortung tragen. Und wenn wir es recht bedenken, liegt im Verzicht sogar eine Chance zum persönlichen Glück. Denn nun können wir uns wieder Lebenszielen zuwenden, bei denen der innere, der seelische Reichtum wieder eine ebenso große Rolle spielt wie der äußere, der materielle Reichtum.

Einladung an den Bettler
mit Pappbecher

Steht bei Ihnen sonntagmorgens auch einer vor der Kirchentür? Ein Bettler mit seinem Pappbecher oder ein Obdachloser mit seiner Zeitschrift? Warum bittet den eigentlich keiner herein? Warum kommt nicht wenigstens der Pfarrer kurz heraus, begrüßt ihn und lädt ihn ein, am Gottesdienst teilzunehmen? Weil sich niemand einen Bettler im Kreis der sonntäglich gekleideten Kirchgänger vorstellen kann?

Dabei sind das doch genau die Menschen, mit denen Jesus Christus zu tun haben wollte. An die er sich gewandt hat. Denen er am ehesten zugetraut hat, seine Botschaft zu verstehen. «Kommt her», hat er zu den Mühseligen und Bedrückten gesagt, «ich will euch erquicken.» Und wir Christen? Wollen wir mit diesen Leuten nicht einmal in einer Kirchenbank zusammensitzen?

Eigentlich müssten unsere Kirchen doch während der Gottesdienste voll sein mit Bettlern, mit abgerissenen Typen. Denn eigentlich sollten wir allen Menschen so begegnen, wie Jesus Christus es getan hat. Das heißt: keinen Unterschied machen zwischen Aufsteigern und armen Würstchen, zwischen Erfolgreichen und Gescheiterten, zwischen dem Filialleiter einer Sparkasse und der jungen Drogenabhängigen. Gleichgültig, was einer im Leben darstellt – er müsste zu uns gehören dürfen, einfach, weil auch Jesus ihn wie einen Bruder, wie eine Schwester behandeln würde.

Leicht ist das den Christen zu keiner Zeit gefallen. Aber versucht haben sie es. In Korinth zum Beispiel, in der Gemeinde des Apostels Paulus. Da prallten krasse gesellschaftliche Gegensätze aufeinander. Da sollten Sklavenhalter plötzlich ihre Sklaven für ebenbürtige Menschen halten! Sollten mit ihnen zusammen an einem Tisch sitzen! Sollten sich womöglich den Bruderkuss geben – der reiche Weinhändler seinem Diener, die vornehme Ehefrau ihrer Magd! Viele von den Reichen haben das nicht über sich gebracht. Aber genau das, schreibt Paulus im 1. Korintherbrief, genau das wird von Christen verlangt. Dass sie sich radikal umstellen. Dass sie die Liebe Gottes verwirklichen, indem sie jeden, auch den ärmsten Hund, akzeptieren – als Tischgenossen, als Banknachbarn, als Bruder oder Schwester. Lesen Sie einmal den 1. Korintherbrief. Sie werden sehen, welchen Wert Paulus auf die Liebe legt. Und vielleicht laden Sie den Bettler mit dem Pappbecher das nächste Mal einfach ein.

«Vergessen Sie das Beten nicht!»

Als ich vor einiger Zeit wieder einmal Nordkorea besuchte, wurde ich vom Bürgermeister einer Stadt mit meinen beiden Begleitern zum Abendessen eingeladen. Wir saßen in einem Restaurant, die ersten Speisen wurden aufgetragen, da sagte das Stadtoberhaupt zu uns: «Bitte, vergessen Sie das Beten nicht.»

Ich traute kaum meinen Ohren. Aber er meinte es ernst. Von meinen früheren Besuchen wusste er, dass wir vor dem Essen beten. Natürlich war ihm klar, dass wir Christen und Benediktiner sind. Offensichtlich achtete er unsere Überzeugungen und unseren Glauben. Das war für ihn nichts Lächerliches, nichts Antiquiertes, nichts Peinliches. Weil uns das Gebet etwas bedeutete, respektierte er es, und vielleicht bedeutete es ja auch ihm etwas.

Das Beten in der Öffentlichkeit … Ich muss sagen, dass es mir in diesem kommunistischen, atheistischen Land Nordkorea leichterfällt als in Deutschland. Auch hierzulande werde ich an einer festlichen Tafel des Öfteren gebeten, den Tischsegen zu sprechen. Aber hier habe ich manchmal Hemmungen, im Restaurant das Kreuzzeichen zu machen und vor dem

Essen zu beten. Warum eigentlich? Warum geniere ich mich, warum genieren wir uns unseres Glaubens? Es geht doch gar nicht darum, andere Menschen zu missionieren oder eine fromme Show abzuziehen. Könnte es sein, dass wir bei kommunistischen Nordkoreanern in Glaubenssachen eher mit Respekt rechnen dürfen als bei uns in Deutschland?

Denn eigentlich ist es für mich selbstverständlich, Gott für die guten Gaben zu danken, die er uns schenkt, und auch den Menschen, die sie uns zubereiten und reichen. Eigentlich bitte ich Gott gern um seinen Segen. Und wenn wir uns erinnern: Früher war das Tischgebet auch bei uns üblich, zumindest in den Familien. Heute gehört dieses Gebet zu den vielen guten Traditionen, die wir einfach vergessen haben. Deshalb will ich mich hier einmal mit einem nordkoreanischen Bürgermeister zusammentun und Sie bitten: «Vergessen Sie das Beten nicht!» Denn das Gebet bei Tisch ist ein Zeichen unserer Dankbarkeit gegenüber Gott für die Gaben der Schöpfung und für die Tischgemeinschaft. Oder ist uns mit dem Gebet auch die Dankbarkeit abhandengekommen? Sollte ein Nordkoreaner vielleicht besser begreifen als wir, dass ein reichgedeckter Tisch ein Grund zur Dankbarkeit ist?

Glücklichsein beim gemeinsamen Unkrautjäten

Gerade von meinen Reisen nach China und Nordkorea bringe ich oft Erinnerungen mit, die mich beschäftigen. Die Lebensumstände sind dort andere, die Kultur ist eine andere, und manchmal drängt sich mir der Gedanke auf: Was haben wir hier, in der westlichen Welt, nicht alles vergessen und verlernt.

Auf meiner letzten Reise nach Nordkorea fiel mir eine Gruppe von Frauen auf, die alle damit beschäftigt waren, ein Kohlfeld vom Unkraut zu befreien. Ich kam ins Grübeln. Ich fragte mich: Sind diese Frauen unglücklich, weil sie nicht ihren privaten Grund und Boden bearbeiten? Oder haben sie sich nicht eher mit dem kommunistischen Kolchosensystem arrangiert, haben sich darin eingerichtet und erfahren dort Gemeinschaftssinn und ein Gefühl der Zusammengehörigkeit? Vielleicht sind sie gar nicht so unzufrieden, wie wir gern meinen.

In diesem Moment fiel mir ein Zeitungsartikel ein, den ich in einem Magazin auf meinem Flug nach Asien gelesen hatte. In ihm wurde zur Diskussion gestellt, ob das Alltagsleben in der DDR nicht auch seinen Wert gehabt hat, ob da nicht Tugenden hochgehalten worden sind, die nach der Wiedervereinigung verkümmert sind. Denn das gab es in diesem Land ja wirklich, das Gemeinschaftsgefühl, die Solidarität untereinander und einen unaufgeregten, gelasseneren Lebensstil. War das schlecht? Schlechter als dieses Einzelkämpfertum heutzutage, jeder gegen jeden, und dieser Tanz um die zahllosen goldenen Kälber unserer Konsumwelt? Gibt es wirklich nichts Beglückenderes als eine egoistische Ellenbogengesellschaft? Natürlich – das politische System der DDR war schlecht, und niemand wünscht sich die Bevormundung durch den Staat, die ständige Überwachung, die Unfreiheit zurück. Aber ich kann unsere Mitbürger im Osten Deutschlands verstehen, wenn sie den Werten der alten Zeit nachtrauern, wenn sie in unserer westlichen Gesellschaft Gemeinschaftssinn und Solidarität vermissen.

Es gibt eben nicht nur Schwarz und Weiß. Die Erfahrung, dass Menschen unter schwierigen Bedingungen zusammengehalten haben, wird immer zu den schönsten Erinnerungen des Lebens zählen. Mir gehen diese Frauen auf dem Feld in Nordkorea deshalb nicht aus dem Kopf. Sie erinnern mich daran, dass Individualismus und Egoismus nur einen Teil unserer menschlichen Natur ausmachen. Der andere Teil aber sehnt sich nach Gemeinschaft, nach Zusammenhalt und Hilfsbereitschaft. Auch bei uns.

Schönheit ist keine Nebensächlichkeit

Vor einiger Zeit folgte ich einer Einladung ins Kloster Camaldoli – ich sollte dort vor einer Versammlung ein Grußwort sprechen. Dieses Kloster liegt in den Bergen südöstlich von Florenz. Es wurde im 11. Jahrhundert vom heiligen Romuald gegründet, und seine Mönche leben sehr abgeschieden, fast wie Einsiedler.

Die Landschaft ringsum ist herrlich – aber einsam, sehr einsam ist es an diesem Ort schon. Ferien könntest du hier machen, sagte ich mir, aber hier leben? So zurückgezogen, so fern allem Weltlichen? Niemals. Andere mögen sich dazu berufen fühlen, du nicht. Und dann kam ich bei einem Rundgang durchs Kloster in den Kreuzgang.

Dieser Kreuzgang war von Sonnenlicht durchflutet. Von dem dahinter gelegenen Berghang strömte das üppige, saftige Grün der Bäume geradezu auf mich herab. In der Mitte sprudelte ein Springbrunnen. Das große Quadrat im Inneren war wie ein Garten angelegt, gepflegt und in mehrere Beete unterteilt, die auf den Brunnen zuliefen – und die zahlreichen Blumen leuchteten in allen Farben im Sonnenlicht. Dann fiel mein Blick auf die Säulen des Kreuzgangs.

Es waren Säulen im alten griechischen Stil, und untereinander waren sie durch elegante, schlanke Bögen verbunden. Das Ganze hatte einen wunderbar fließenden Rhythmus und war von vollendeter Harmonie. Mir kamen bei diesem Anblick die herrlichen Gärten der buddhistischen Zen-Klöster in Japan in den Sinn.

Und auf einmal wollte ich hierbleiben. Wollte hier sitzen bleiben und die Zeit vergessen und einfach nur schauen, wollte das Licht und die ganze Schönheit in mich aufnehmen. Plötzlich konnte ich verstehen, dass man an einem solchen Ort sehr wohl sein Leben zubringen kann. Die Schönheit versöhnt mit der Einsamkeit. Auch wir Benediktiner haben das eigentlich immer gewusst. Viele unserer Klöster sind Kunstwerke, darauf angelegt, dass man sich in ihnen wohl fühlt. Schönheit und Harmonie – beides braucht der Mensch. Beides bestärkt ihn in seiner Menschlichkeit. Vielleicht, weil Schönheit und Harmonie etwas erahnen lassen von der Schönheit und Herrlichkeit Gottes.

Doch war es mir nicht vergönnt, diesen Anblick länger zu genießen. Ich musste zurück nach Rom, zum Flughafen. Seither aber zehre ich vom Anblick dieses Kreuzgangs. Die wenigen Minuten dort haben mich bereichert. Schönheit, da bin ich sicher, ist eben keine Nebensächlichkeit. Und nichts, was wir vernachlässigen sollten.

Erfahrungen für Menschen, die nicht zimperlich sind

Anfang August wird es im römischen Kloster Sant'Anselmo still. Die Professoren und Studenten sind in Ferien. Nur die Handwerker hämmern noch auf unseren Dächern. Ich selbst habe eine längere Auslandsreise aufs nächste Jahr verschoben. Ich brauche Ruhe. Endlich kann ich mich der Post auf meinem Schreibtisch widmen.

Einmal Zeit haben, einmal für sich sein und die Ruhe genießen – wunderbar. Eins allerdings vermisse ich jetzt: das gemeinsame Chorgebet. Sonst treffen wir uns viermal am Tag in der Kirche, um die Psalmen zu singen. Aber dafür braucht man mindestens ein Dutzend Mitstreiter, und die sind dieser Tage nicht aufzutreiben. Ich helfe mir, indem ich mich nach der Morgendusche hinsetze, mein Brevier zur Hand nehme und mir Zeit gönne für einen Tagesbeginn mit Gott. Auch das Brevier enthält die Psalmen. Nach all den Jahren könnte ich sie fast auswendig hersagen.

Ihre Verse rufen in mir Bilder wach. Die Psalmen sind für mich Gedichte in einer kraftvollen, ausdrucksstarken Sprache. «Der Herr ist mein Hirte, mir wird nichts mangeln …», heißt es in Psalm 23. Und

Psalm 42 beginnt mit den Worten: «Wie der Hirsch lechzt nach frischem Wasser, so schreit meine Seele, Gott, zu dir ...» Hier beschreiben und besingen Menschen ihre Erfahrungen mit Gott. Menschen, die vor 2500 Jahren oder früher gelebt haben. In turbulenten, gefährlichen Zeiten. Menschen, die nicht zimperlich sind, Menschen mit starken Gefühlen. Sie jubilieren, wenn sie ihrer Freude oder Dankbarkeit Luft machen wollen; sie schimpfen und schreien, wenn sie nicht mehr ein noch aus wissen – und manchmal hadern sie sogar mit Gott. «... dass du uns so zerschlägst am Ort der Schakale und bedeckst uns mit Finsternis», beschwert sich der Dichter des 44. Psalms bei Gott. Aber das Großartige ist: Auch der zornigste Psalm endet damit, dass sich der Autor der Güte Gottes anvertraut. Die Hoffnung siegt immer über die Verzweiflung.

Wenn ich die Psalmen lese, spüre ich die Gegenwart Gottes. Danach fühle ich mich gestärkt für alles, was der neue Tag bringen mag. Warum sollten Sie nicht dieselbe Erfahrung mit den Psalmen machen? Kraft können wir doch alle brauchen. Sollten Sie demnächst also etwas Zeit haben, nehmen Sie sich doch einfach mal einen Psalm vor. Es tut gut, vom Sieg der Hoffnung zu lesen.

Das steinerne Herz leuchtet und singt

Vor mir auf dem Schreibtisch liegen Steine. Sie sind Mitbringsel von meinen Reisen und echte Souvenirs. Jeder erinnert mich an ein bestimmtes Land, an bestimmte Menschen und an den Ort, wo ich sie aufgelesen habe. Einer dieser Steine stammt vom Paektusan, dem heiligen Gebirge der Koreaner mit seinem leuchtend blauen Kratersee, ein anderer aus den Bergen östlich von Rom, wo der heilige Benedikt vor 1500 Jahren gelebt hat.

Und dann besitze ich ein paar rosarote Steine, die ich an einem Strand gefunden habe. Sie sind vom Wasser rund oder oval geschliffen worden. Wenn abends meine Schreibtischlampe darauf scheint, beginnen sie zu leuchten. Dann lasse ich die Arbeit für eine Weile ruhen und schaue sie an. Und während ich sie betrachte, werden sie immer schöner. Es kann dann geschehen, dass ich mit diesen Steinen rede oder leise ein Lied singe, das mir in den Sinn kommt. Und auf einmal ist es, als würden die Steine selbst zu singen anfangen. Ich brauche nur genau hinzuhören.

Geht es uns mit anderen Menschen nicht ähnlich wie mir mit diesen Steinen? Da betritt jemand mit versteinerter Miene morgens das Büro – ein brummiges, halb verschlucktes «guten Morgen», und dann im weiteren Verlauf des Tages kein Wort mehr von ihm. Irgendetwas ist bei ihm schiefgelaufen, irgendwelche Sorgen plagen ihn. Vielleicht ist er auch ein mürrischer Charakter, jemand, der sich zum Lächeln zwingen muss. Jedenfalls haben Sie nur einen Wunsch: ihm aus dem Weg zu gehen.

Und genau das tun Sie diesmal nicht. Sie wenden sich ihm zu. Sie lassen sich nicht von seiner schlechten Laune anstecken. Sie fragen ihn ganz freundlich, ob etwas nicht stimmt. Mag sein, dass er sich dann noch tiefer in sich vergräbt. Vielleicht ist er aber auch froh, dass ihn jemand aus seinem inneren Käfig herauslockt. Reden Sie mit ihm, interessieren Sie sich für seine Geschichte, werfen Sie Ihr Licht auf ihn – wer weiß, womöglich hellt sich seine versteinerte Miene tatsächlich auf, vielleicht sehen Sie ein Leuchten auf seinem Gesicht. In der Bibel gibt es einen schönen Ausdruck für diese Erlösung aus der inneren Starre: Ein Herz aus Stein wird wieder zu einem Herzen aus Fleisch. Sie selbst haben die Kraft, einen Menschen zu verwandeln, wenigstens für einen Augenblick, möglicherweise für einen ganzen Tag. Denken Sie nur an meine Schreibtischlampe und die leuchtenden, singenden Steine.

Nicht einfach:
einem Kranken die Treue halten

Manchmal muss ich schmunzeln. Da bin ich doch
nun ein «eingebürgerter» Römer, habe fast zwanzig
Jahre in dieser Stadt verbracht, und dennoch – ganz
werde ich mich wohl nie an die italienischen Sitten
gewöhnen. Deshalb hatte ich volles Verständnis für
die Klage eines Mitbruders aus Sant'Anselmo, der
schwer krank in einer römischen Klinik lag. Seit drei
Wochen habe er kein Auge mehr zugetan, stöhnte er.
Des Nachts könne er kaum schlafen, weil seine beiden italienischen «Mitbewohner» sich ständig her-
umwälzen, schnauben und jammern. Und tagsüber
finde er auch keine Ruhe, denn da rücke regelmäßig
deren halbe Verwandtschaft an.

Ich kenne das. Auch ich habe als Kranker zwischendurch gern meine Ruhe. Aber das muss ein
sehr deutsches Bedürfnis sein. Italiener scheinen
dieses Bedürfnis nicht zu verspüren. Ich erinnere
mich an meinen ersten Aufenthalt in einem römischen Krankenhaus in den siebziger Jahren. Anfangs lag ich in einem Sechzig-Betten-Saal – unvergesslich ist mir das Geräusch all der künstlichen
Gebisse, die klappernd ins Glas auf dem Nacht-

tisch fielen, wenn abends um neun das Licht ausgemacht wurde. Später kam ich in ein Zweibettzimmer. Als mein Nachbar operiert werden sollte, rief ich in Sant'Anselmo an, man möge mich an diesem Tag nicht besuchen, der Mann brauche seine Ruhe. Von wegen! Am Tag der Operation war unser Zimmer gerammelt voll mit Verwandtschaft und Freunden des Frischoperierten. Gut, dass niemand mich besuchen kam. Es hätte keiner mehr ins Zimmer hineingepasst.

Einen Menschen in der Stunde der Not nicht alleinlassen – in vielen Ländern ist das selbstverständlich. In den afrikanischen Krankenhäusern meines Ordens zum Beispiel haben wir eigens Kochstellen eingerichtet für die Verwandten der Patienten. So können sich Besucher, die den ganzen Tag bleiben wollen, selbst eine warme Mahlzeit zubereiten. Vielleicht wird es auch in diesen Ländern manchem Kranken mal etwas zu viel. Aber wie viel besser haben es diese Leute doch als die Menschen in vergleichbarer Situation in Deutschland. Wie oft höre ich, dass Patienten bei uns einfach vergessen werden, vor allem, wenn sich ihr Klinikaufenthalt hinzieht. Niemand lässt sich mehr sehen – weil man sich überfordert fühlt, weil man dem Bettlägerigen gegenüber unsicher ist, weil einem der Gedanke an Krankheit überhaupt unbehaglich ist. Ja, es gehört schon etwas Tapferkeit dazu, einem erkrankten Menschen die Treue zu halten – wie immer, wenn es um Nächstenliebe geht. Und für diese alltägliche, selbstverständliche Tapferkeit liebe ich die Italiener dann doch wieder.

Schutzengel mit einem Lächeln

Offen gesagt, ich bin kein großer Freund von Sitzungen und Konferenzen. Da wiederholt ein Redner bloß, was längst gesagt wurde, ein anderer walzt Nebensächlichkeiten aus, ein dritter kann kein Ende finden. Nein, das ist oft nicht sonderlich erbaulich, und manchmal kämpfe ich gegen den Schlaf an – besonders dann, wenn ich von weit her angereist bin. So erging es mir wieder einmal bei einem der letzten internationalen Treffen, an dem ich teilnahm.

Diesmal allerdings fand die Begegnung nicht in einem nüchternen, modernen Konferenzsaal statt, sondern in einem altehrwürdigen Gebäude. Während der nächste Redner ans Pult trat, wanderte mein Blick über die Kunstwerke an den Wänden und blieb schließlich an einem romanischen Pfeiler hängen. Von dort oben blickte mich ein Engel an. Alles, was ich von ihm sah, war ein Gesicht zwischen zwei weit ausladenden Flügeln. Ein Schutzengel, schoss es mir durch den Kopf, denn es sah aus, als wollte er mich mit seinen Flügeln beschirmen. Da bemerkte ich, wie schön sein Gesicht war. Seine Miene war heiter, sein Blick liebevoll, und er lächelte – ja, er lächelte mir zu.

Wer hatte dieses Gesicht aus dem formlosen Stein herausgemeißelt?, fragte ich mich. Dieser Künstler musste nicht nur ein Könner gewesen sein, er musste auch ein Herz voller Liebe gehabt haben. Von dieser Liebe hatte er eine gehörige Portion seinem Engel mitgegeben, und nun, Jahrhunderte später, war diese Liebe immer noch in der Welt: Nach wie vor strahlte sie aus dem Gesicht dieses Engels.

Die Mühe, die sich der Künstler gemacht hatte, und die Sorgfalt, die er bei seiner Arbeit hatte walten lassen – sie hatten sich gelohnt. Ihm war es nicht darum gegangen, schnell fertig zu werden und irgendetwas halbwegs Brauchbares abzuliefern. Er hatte mit Hingabe gearbeitet – wie so viele andere Künstler des Mittelalters auch. Mir fiel der gotische Hochaltar einer Kirche im spanischen Toledo ein, eine wunderbare Schnitzarbeit aus unterschiedlich nuancierten Hölzern. Auch an den farbenprächtig ausgemalten mittelalterlichen Handschriften hatten Mönche oder Nonnen oft jahrelang gearbeitet. Wie viel Hingabe, wie viel Liebe war in diese Werke eingeflossen! Liebe zur Kunst, zweifellos. Aber vor allem Liebe zu Gott. All diese Kunstwerke gibt es ja nur, weil die Künstler damals ihr Bestes gaben, um Gott zu verherrlichen. Wenn wir das bedenken, kann uns Gott auch im lächelnden Gesicht eines steinernen Engels begegnen.

Schaffen wir eine Welt, in der nicht alles möglich ist

Irgendetwas ist faul in unserem Land. Da wird ein Mann von Jugendlichen am helllichten Tag zu Tode getrampelt. Ein Schüler wirft in seiner Schule mit Brandsätzen um sich. Zwölfjährige Mädchen betrinken sich auf dem Münchner Oktoberfest bis zur Besinnungslosigkeit. Und auf demselben Fest kommt es am ersten Tag bereits zu achthundert Gewalttaten und sechzig Festnahmen – die Täter sind fast ausschließlich junge Leute. Wenn Psychologen dazu befragt werden, sprechen sie von einer wachsenden Hemmungslosigkeit unter Jugendlichen. Irgendetwas ist faul. Aber was?

Wenn ich darüber nachdenke, fällt mir ein bekannter Werbespot für eine Automarke ein. In diesem Werbespot sang ein Affe: «Nichts ist unmöglich!» – Sie erinnern sich gewiss. Wie hat das damals für Sie geklungen? Wie eine verheißungsvolle Botschaft? Als würde nun alles immer besser und immer schöner werden? Oder haben wir damals nicht richtig hingehört? Denn: «Nichts ist unmöglich», das ist ja in Wirklichkeit eine Schreckensbotschaft, das kann ja genauso gut bedeuten: Alle Schranken können eingerissen, alle Grenzen überschritten werden, und dann sind sie nicht mehr zurückzuhalten. All jene nämlich, die einen Hass auf andere haben oder einen Hass auf sich selbst. All jene, die von Gewalt träumen und ihre Träume in die Tat umsetzen wollen. Nichts ist mehr unmöglich? Wie furchtbar!

Warum sind wir damals nicht zusammengezuckt, als dieser Werbeaffe sang? Vielleicht, weil wir uns längst daran gewöhnt hatten, alle Grenzen für überflüssig und alle Schranken für lästige Hindernisse zu halten? Weil viele von uns Freiheit längst mit Zügellosigkeit verwechseln? Weil seit langem die Zahl der Menschen wächst, die für sich selbst keine Einschränkung mehr akzeptieren, keine Regeln mehr anerkennen? Wir wollten eine Welt, in der alles möglich ist? Jetzt haben wir sie.

Nein, unsere Kinder sind nicht schuld, wenn sie den Weg in die Gewalt und den Alkohol einschlagen. Wir Erwachsenen sind schuld. Zu unserer Zeit sind bereits die Dämme gebrochen – die Dämme des Anstands, die Dämme der Selbstbeherrschung und des Respekts. Wir taugen kaum noch als Vorbilder für unsere Kinder. Aber – kann man denn nicht aus seinen Fehlern lernen? Was hindert uns, neue Deiche zu bauen? Lassen Sie uns jetzt gemeinsam darangehen, mit Gottes Hilfe eine Welt zu schaffen, in der nicht mehr alles möglich ist.

Die weise Dame und
der Melonenverkäufer

Viele ältere Römerinnen halten viel auf sich selbst. Wenn sie ausgehen, machen sie sich fein. Sie schminken sich, sie richten ihre Frisur sorgfältig her, sie legen ihren Schmuck an. Sie sind Damen, sie wollen gesehen und beachtet werden. Und so bewegen sie sich auch. Gemessenen Schrittes und erhobenen Hauptes überqueren sie die römischen Straßen, mitten im chaotischen Verkehrsgewühl, und jeder respektiert sie, keiner hupt. Sie haben Stil, und Stil kommt in Rom immer gut an.

Sie haben aber nicht nur Stil. Sie haben auch Humor. Sie können über sich selbst lachen. Die alte Dame in der Markthalle meines Viertels hier in Rom zum Beispiel. In voller Pracht und Schönheit baute sie sich vor dem Stand des Lebensmittelhändlers auf – nur, um zunächst ausgiebig mit dem Mann zu plaudern. Sicher kannte er bereits alle ihre Geschichten, aber … der Mensch lebt eben nicht vom Brot allein. Dann ging sie dazu über, ihren Einkauf zusammenzustellen: Der Schinken wurde probiert – zu salzig sollte er nicht sein. Dann der Käse – die nötige Reife müsste er schon haben. Als Nächstes wurden die Honigmelonen berochen und Radicchio und Rucola ausgesucht – alles wurde Stück für Stück wie Kostbarkeiten ausgewählt. Und als die Frau die einzeln verpackten Delikatessen in zwei Tragetaschen verstaut und bezahlt hatte und schon gehen wollte, da rief ihr der Verkäufer hinterher: «*Ciao, bella!*» Auf Deutsch vielleicht: «Tschau, meine Schöne!»

Aber kann man das überhaupt übersetzen? Auf Deutsch klingt es etwas herablassend. Hier jedoch war es als echtes Kompliment gemeint, anerkennend und gleichzeitig humorvoll – so als würde er in ihr immer noch das hübsche Mädchen sehen, das sie vor langer Zeit einmal war. Und wie reagierte die alte Dame? Schmunzelnd warf sie ihm ein einziges Wort zu: «*Magari ...*» – «Schön wäre es ...»

Wie gut die beiden sich verstanden hatten! Er hatte Augen für sie gehabt und in ihrer Seele den Wunsch nach Jugend und Schönheit gelesen. Und sie fühlte sich erkannt, stand aber dazu: zu ihrem Wunsch nach Schönheit genauso wie zu der Tatsache, dass ihre besten Tage weit zurücklagen. Das ganze Drama eines Lebens in nur drei Worten! Die alte Dame machte sich keine Illusionen. Sie wusste, dass man im Lauf des Lebens von vielem Abschied nehmen muss. Aber sie konnte – vielleicht ein bisschen wehmütig – darüber lächeln. Ich glaube fast, solche Menschen sind weise.

Auf der Suche nach dem großen Geheimnis namens Gott

Mir geht es so: Gerade die zufälligen Begegnungen mit Unbekannten bleiben mir im Gedächtnis. Meist halten sie Überraschungen bereit, oft geben sie mir zu denken. Vor einigen Monaten im Flugzeug, auf dem Weg nach Kroatien, genauer gesagt nach Zagreb, kam es wieder zu solch einer Begegnung.

Da saß ich, und weil es an der Zeit war, das Abendgebet zu verrichten, zog ich mein Brevier aus dem Handgepäck und begann darin zu lesen. Weit kam ich allerdings nicht, denn neben mir saß ein zwölfjähriger Junge, ein Kroate, und der wollte nun plötzlich alles Mögliche von mir wissen. Was das für ein Buch sei?, fragte er mich in seinem Schulenglisch. «Ein Gebetbuch», sagte ich und schaute ihn an. Konnte sich der Bursche etwas darunter vorstellen? O ja. Er nickte, er hatte verstanden – «Gebet» war offenbar kein Fremdwort für ihn.

Jetzt wurde er erst richtig wach. Woher ich komme? Ob ich in Rom beim Papst wohne? Ob ich Kroatien kenne? Und als er hörte, dass ich viel in der Welt herumreise, zählte er alle Länder auf, die er kannte. Dabei wollte er jedes Mal wissen, ob ich in dem jeweiligen Staat schon gewesen sei. «Und in China? Waren Sie da auch?» Immer wenn ich bejahte, ließ er den Kopf entmutigt sinken – und reckte die Faust triumphierend in die Höhe, wenn er doch ein Land gefunden hatte, das ich noch nicht kennengelernt hatte. Seine Mutter saß derweil schmunzelnd neben ihrem Sohn; sie war wohl ziemlich stolz auf ihn.

Ich jedenfalls wäre stolz auf ihn gewesen. Nun ja, er hatte mich vom Beten abgehalten – aber was für ein sympathischer Kerl, mit seiner Neugier, seinem Wissensdurst, seiner Unbefangenheit! Ich habe den Eindruck: Man begegnet immer seltener solchen Menschen, die voller Fragen stecken. Viele tun so, als wüssten sie alles, auch junge Leute. Sie laufen mit einem Gesicht durch die Welt, als wollten sie sagen: «Ihr könnt mir nichts mehr beibringen. Wir sind mit allen Wassern gewaschen.»

Uns Mönchen aber geht es eher wie dem kroatischen Jungen. Auch uns treibt die Neugier. Die Neugier auf Gott. Wir sind Suchende, ein Leben lang. Überrascht Sie das? Denken Sie, wenigstens wir sollten doch wissen, wer Gott ist und wie er ist? Nein. Gott bleibt das große Geheimnis, auch für uns. Wir fragen, wir suchen, wir ringen, wir hadern vielleicht sogar mit Gott. Ihn hat man nie in der Tasche. Sinnlos ist diese Mühe trotzdem nicht. Denn auf dem Weg zu Gott lernen wir, was es heißt zu lieben. Die Menschen zu lieben. Die Schöpfung zu lieben. Das Leben zu lieben. Gott zu lieben.

Wenn man sich selbst vergisst ...

Immer wieder geraten wir Menschen auf Abwege – daran wurde ich bei meinem letzten Besuch in Kroatien erinnert. Dann überlassen wir uns unserer Verachtung, unserem Hass, unserer Zerstörungswut und töten kaltblütig oder vernichten in rasendem Zorn. Keiner ist davor gefeit, sich selbst zu vergessen. Und hinterher nehmen wir erschüttert zur Kenntnis, dass es ganz harmlose Menschen waren, liebevolle Familienväter, die ein Blutbad angerichtet haben.

Hier, in Kroatien, hatte ich ein Beispiel für menschliche Zerstörungswut vor Augen: die Kirche der Nonnen in Zadar. Sie war ein barockes Kleinod gewesen. Nach dem Granatbeschuss im letzten Balkankrieg waren bloß noch Mauerreste von ihr übrig geblieben. Mittlerweile ist sie in alter Schönheit wiedererstanden, sorgfältig restauriert, und nur die Fotos an den Kirchenwänden erinnern noch an das Zerstörungswerk der Bomben. Diese Fotos rufen die Erinnerung an deutsche Städte nach dem Zweiten Weltkrieg wach – von München über Köln bis Rostock sah es damals ähnlich aus, von Dresden ganz zu schweigen.

Was treibt die Menschen eigentlich, mit geradezu teuflischer Lust zu vernichten, was andere aufgebaut haben? Nicht einmal vor den schönsten Kunstwerken und Baudenkmälern macht die Zerstörungswut halt. Es ist absurd. Und es ist zum Weinen, wenn wir bedenken, was Menschen in Kriegen alles angetan wird, welche körperlichen und seelischen Verletzungen ihnen zugefügt werden. Doch bevor wir andere verurteilen – kennen wir diese teuflische Lust an der Zerstörung nicht selbst? Haben wir noch nie eine Freundschaft, eine Liebe, eine Hoffnung zerstört? Was treibt uns also dazu?

Die beste Antwort auf diese Frage hat meiner Ansicht nach Jesus Christus gegeben. Wir sind vor allem für eins anfällig, sagt er: für das Triumphgefühl, das uns beschleicht, nachdem wir andere fertiggemacht haben. Wir wollen zu den Siegern gehören, um jeden Preis. Aber triumphieren heißt vernichten, siegen heißt zerstören. Es kann deshalb keinen Frieden geben, solange es Sieger und Verlierer gibt. Und dann zeigt Jesus uns den einzigen Weg, der aus diesem Teufelskreis herausführt: die Liebe. Denn Liebe ist stärker als Hass. Liebe ist die stärkste Macht überhaupt. Die Liebe besiegt sogar die teuflische Lust am Triumph. Wer liebt, der will nicht mehr siegen. Für mich gibt es keine schönere Botschaft als diese.

«Zur Hölle mit den Reichen!»

Der Sinn des Lebens? Für manche Menschen ist das gar keine Frage. Sie sind auf der Welt, um sich über diese Welt zu ärgern. Nicht nur über ihre Mitmenschen – über die sowieso –, sondern auch über die Zustände. Unaufhörlich sind sie zutiefst empört, alles Unrecht dieser Erde nehmen sie persönlich, und wenn man sie machen lassen würde, wäre es um die Menschheit hundertmal besser bestellt. Da hätten wir bald rund um den Globus Frieden und Gerechtigkeit, es würde nicht mehr betrogen und gelogen und abgezockt, und an der Gemüsetheke anzustehen bräuchten wir auch nicht mehr.

Ich stelle mir vor: Wenn Jesus diesen Leuten den Text seiner Bergpredigt vorher zum Korrigieren gegeben hätte, dann stände da nicht: «Selig sind die Armen», sondern: «Zur Hölle mit den Reichen!» Dann hieße es nicht: «Selig sind die Sanftmütigen», sondern: «Lebenslänglich für alle Gewalttätigen!» Komisch, dass Jesus nicht selbst darauf gekommen ist – schließlich hält er Reichtum doch auch für gefährlich, schließlich hat er für Gewalt doch auch nichts übrig. Und trotzdem hat er kein böses Wort für die Schuldigen, aber jede Menge gute Worte für die Unschuldigen. Weshalb?

Was Jesus fehlt, ist die Empörung. Diese moralische Entrüstung über das Schlechte. Und diese Wut auf alle, die andere Ansichten vertreten als man selbst. Jesus verteufelt nicht, obwohl er längst nicht alles gutheißt. Er macht etwas viel Klügeres, viel Menschenfreundlicheres: Er ermutigt die, die Ermutigung brauchen. Er bestärkt die, die zu Hoffnungen berechtigen. Er verspricht sich mehr von Vorbildern als von Feindbildern. Und vor allem: Er handelt, statt zu jammern.

Denn Empörung ist die Reaktion derjenigen, die tatenlos zuschauen. Die höchstens auf Demonstrationen gehen, um zu zeigen, dass sie zu den Guten gehören. Aber es reicht nicht, die richtige Einstellung zu haben. Auch mit der friedfertigsten Einstellung gehört man nicht zu den Guten, solange man nicht Taten folgen lässt und Zivilcourage beweist, wenn jemand in der Öffentlichkeit beleidigt wird, dazwischengeht, wenn einer angegriffen wird, einspringt, wenn Not am Mann ist. Und dann legt sich die Empörung ganz von selbst. Dann hat man nämlich Besseres zu tun, als seine edle Gesinnung herauszuposaunen. Dann braucht man nicht mehr ständig zu demonstrieren, dass man ein guter Mensch ist. Dann ist man womöglich wirklich ein guter Mensch.

Beten unbedingt erwünscht

Kann ein Gebet andere beleidigen, provozieren, in ihren Gefühlen verletzen? Stört ein Gebet die öffentliche Ordnung? Bedroht es gar unsere Freiheit? Unsinn, würde ich sagen. Doch die Schulleiterin einer Berliner Schule glaubte, die Freiheit zu verteidigen, indem sie Beten verbietet.

Da haben einige muslimische Schüler die Pause zwischen zwei Unterrichtsstunden genutzt, um zu beten. Sie haben in einer abgelegenen Ecke eines Flurs ihre Jacken auf dem Boden ausgebreitet und sich vor Gott verneigt. Und was passiert? Eine Lehrerin alarmiert die Schulleiterin, und die schreitet ein. Beten auf dem Schulgelände werde nicht geduldet, sagt sie, dafür könne man von der Schule fliegen. Nicht genug damit, schreibt sie den Eltern dieser Schüler einen Brief, in dem sie behauptet: Religiöse Bekundungen seien an deutschen Schulen grundsätzlich nicht erlaubt. Also – Beten verboten. Aber weshalb? Weil Frömmigkeit unzumutbar geworden ist? Weil der Anblick betender Menschen Unfrieden stiftet?

Nun, die Geschichte geht noch weiter. Die betroffenen Schüler gehen nämlich vor Gericht. Und das

Gericht gibt ihnen recht. Es erteilt der Schulleiterin eine Lektion in Freiheit. Es erinnert sie daran, dass der Staat dazu da ist, Glaubensfreiheit zu fördern, nicht zu unterdrücken. Und noch etwas steht im Urteil: dass es kein friedliches Zusammenleben gibt, wenn Schüler nicht lernen, die religiösen Überzeugungen anderer zu respektieren. Also – Beten erlaubt. Und nicht nur das. Beten sogar erwünscht.

Meinen Respekt genießen sie jedenfalls, diese muslimischen Schüler. Sie haben den Mut, sich zu ihrem Glauben zu bekennen. Sie stehen für etwas. Sie zeigen öffentlich, was ihnen wichtig ist. Sie schämen sich nicht für ihre Religion. Ich finde das bewundernswert, und ich frage mich: Warum beten eigentlich christliche Schüler nicht? Ihre muslimischen Mitschüler hätten sicherlich nichts dagegen. Im Gegenteil. Menschen, die beten, egal zu welchem Gott, haben keine Probleme miteinander. Die verstehen sich, die respektieren sich auch. Ich finde, wir Christen könnten ruhig etwas mehr Farbe bekennen. Wofür sollten wir uns schämen? Dafür, dass wir an einen gütigen, liebenden Gott glauben? Und keine Angst – auch bei Ungläubigen erwerben wir uns mehr Respekt durch ein mutiges Bekenntnis als durch verschämtes Verkriechen. Und deshalb – Beten erlaubt. Mehr noch: Beten erwünscht.

Die Tugend der Toleranz – oder ganz schön selbstgerecht

Ich möchte Ihnen zwei Fälle von religiöser Intoleranz vorlegen – urteilen Sie selbst. Der erste Fall hat sich vor einiger Zeit in der Türkei ereignet. Dort wurde von Türken ein Spielfilm über die Zeit der Kreuzfahrer gedreht, also ein historischer Film über einen mittelalterlichen Stoff. Natürlich traten dabei auch christliche Ritter auf, und einige von ihnen hielten Fahnen mit christlichen Kreuzen. Da kam es zu einem Zwischenfall: Erboste Muslime griffen während der Dreharbeiten das Filmteam an. Sie fühlten sich durch die Fahnen provoziert. Sie wurden handgreiflich. Sie versuchten, den Schauspielern die Fahnen mit den Kreuzen zu entreißen. Der Anblick dieser Fahnen hatte genügt, sie in Wut zu versetzen. Darf man solche Leute als Fanatiker bezeichnen?

Das ist der eine Fall. Der zweite trug sich in Berlin zu, ungefähr zur selben Zeit. Christen demonstrierten für das Lebensrecht ungeborener Kinder. Sie führten tausend weiße Kreuze mit sich – ein Kreuz für jedes der tausend Kinder, die Tag für Tag in Deutschland abgetrieben werden. Es war eine friedliche Demonstration. Sie richtete sich gegen niemanden. Sie wollte lediglich daran erinnern, dass keiner das Recht hat, menschliches Leben zu töten, ob geboren oder ungeboren. Da kam es zu einem Zwischenfall. Gegendemonstranten griffen die Lebensschützer an, entrissen ihnen ein Dutzend Kreuze und warfen sie in die Spree. Dass andere Menschen eine andere Meinung vertreten, hatte genügt, sie in Wut zu versetzen. Darf man solche Leute als Fanatiker bezeichnen?

Urteilen Sie selbst. Was ich mir zu diesen Geschichten gedacht habe: Das lateinische Wort «tolerant» bedeutet, ins Deutsche übersetzt, etwas zu ertragen, etwas auszuhalten. Zum Beispiel auszuhalten, dass jemand anders meine eigene, gut durchdachte Meinung falsch oder gar verrückt findet. Und das ist nun wirklich nicht leicht zu ertragen. Das ist ja beinahe eine Unverschämtheit! Was fällt dem anderen denn ein, meine tiefsten Überzeugungen, meine wohlüberlegte Lebenseinstellung abzulehnen? Aber wer tolerant sein will, muss sich solche Zumutungen gefallen lassen – ich muss es auch. Vielleicht gelingt uns das eher, wenn wir uns selbst nicht für perfekt halten. Wenn wir uns klarmachen, wie viele Dummheiten wir selbst schon begangen haben. Mit anderen Worten: Wenn wir uns vor Augen führen, dass wir Sünder sind. Das hilft gegen die Selbstgerechtigkeit. Und macht die schwierige Tugend der Toleranz etwas leichter.

Mit der Isomatte auf den Spuren von Abraham und Sarah

Menschen mit neuen Ideen werden gebraucht. Nicht nur in Wirtschaft und Politik, auch im Alltag. Gerade heute, wo sich viele damit begnügen, zu jammern und die Zustände zu beklagen. Ich freue mich jedenfalls immer, von Leuten zu erfahren, die sich etwas einfallen lassen. Wo findet man solche Menschen?

Zum Beispiel in der Kindertagesstätte einer deutschen Großstadt. Dort haben sich die Erzieherinnen gefragt, wie man Kindern die Geschichten der Bibel so nahebringen kann, dass sie wirklich etwas davon haben, vielleicht für ihr ganzes Leben. Die Geschichten von Abraham und seiner Frau Sarah zum Beispiel, die auf Gottes Geheiß ihre Heimat verlassen und in der Fremde umherziehen. Das sind ja keine alten Kamellen. In diesen Geschichten geht es darum, wie Menschen ihren Weg im Leben finden, und wer sie kennt, versteht das eigene Leben besser. Aber – wie prägt sich eine Geschichte Kindern am besten ein? Durch Vorlesen? Durch Erzählen? Das allein reicht nicht – haben sich die Erzieherinnen dieser Kindertagesstätte gesagt. Unvergesslich wird eine Geschichte erst dann, wenn man sie selbst erlebt. Und los ging's.

Wo wohnten Abraham und Sarah unterwegs? In einem Zelt. Also gingen die Kinder daran, Zweige zu sammeln und Miniaturzelte aus Stoffresten zu basteln. Wo fanden die beiden ihr Trinkwasser? In Brunnen. Also wurden kleine Brunnen aus Ton hergestellt und Krüge, um das Wasser ins Zeltlager zu schaffen. So, jetzt hatten die Kinder eine erste Vorstellung vom Leben Abrahams. Und nun wurde es richtig aufregend. Einen Tag lang zogen sie mit ihren Erzieherinnen durchs Gelände, selbstgebackene Fladenbrote als Proviant im Rucksack und anstelle eines Zeltes eine Isomatte obendrauf geschnallt. Zwischendurch wurde an einem Bachlauf Rast gemacht und das Lager aufgeschlagen, danach wurden die Fladenbrote verspeist. Fix und fertig waren die Kinder am Ende dieses Tages – aber was macht das schon, wenn man sich dafür von morgens bis abends wie Abraham und Sarah fühlen durfte?

In der nächsten Zeit war Abraham Tagesgespräch – im Kindergarten, aber auch daheim, im Elternhaus. Die alten Geschichten der Bibel waren plötzlich nicht mehr fremd. Die Kinder hatten durch eigene Erfahrung eine persönliche Beziehung dazugewonnen. Biblische Geschichte als Erlebnis, als Abenteuer – ich finde das eine großartige Idee. Und wünsche ihr viele Nachahmer!

Böse will mittlerweile jeder sein

Erinnern Sie sich noch? Es gab eine Zeit, da benutzte man Wörter wie artig oder brav, wenn man Kinder loben wollte. Sie müssten schon etwas älter sein, denn es ist ein paar Jahrzehnte her, dass «brav» und «artig» als Lob verstanden wurden. Heute ist das Wort «artig» ganz aus der Mode gekommen, und «brav» darf man allenfalls noch seinen Hund nennen. «Sei ein braver Hund …» Junge Leute könnten «brav» geradezu als Beleidigung auffassen – das klingt ja so, als würde man sie harmlos finden, einfach nur nett und anständig. Wie gruselig! Stattdessen hat ein anderes Wort Karriere gemacht: das Wort «böse». Böse will mittlerweile jeder sein, auch die Mädchen. Denn böse, das klingt irgendwie stark, irgendwie rebellisch, irgendwie selbstbewusst. Die Bösen, die trauen sich was – und kommen deshalb weiter als die Braven. Viel weiter. *Brave Mädchen kommen in den Himmel, böse Mädchen kommen überall hin*, so lautete der Titel eines Buchs. Witzig, oder?

Dabei ist das Böse alles andere als witzig, wie jeder weiß. Die Kollegin, die uns mit ihren kleinen Bosheiten den Arbeitsalltag verleidet, ist die witzig? Der

Schläger, der einen Fahrgast in der U-Bahn mit Fuß-
tritten tödlich verletzt, ist der witzig? Der jugendliche
Amokläufer, der Schüler und Lehrer im Dutzend er-
schießt, ist der witzig? Nein, witzig bestimmt nicht,
aber vielleicht doch – faszinierend? Möchte man das
nicht manchmal selbst – das Verbotene tun? Aus der
moralischen Zwangsjacke ausbrechen? Und sich mal
eine richtige Schweinerei erlauben? Vielleicht aus Rache? Oder einfach deshalb, weil man sein unschein-
bares Dasein leid ist, weil man einmal im Leben auf-
fallen will? Ja, womöglich spielt das heute auch eine
Rolle: Wer Böses tut, der steht im Mittelpunkt, vielleicht sogar in der Zeitung. Dem ist ein Publikum sicher. Die Braven fallen nicht auf. Die werden nie ein
Publikum haben …

Das Böse ist verführerisch. Es fasziniert vor allem
Menschen, die endlich mal groß rauskommen wollen.
Die Geltungssüchtigen. Aber das ist nichts Neues –
schon Adam und Eva hatten da ihren schwachen
Punkt. «Ihr werdet sein wie Gott», mit diesen Worten
brachte die Schlange sie dazu, die verbotene Frucht
zu essen. Wir kennen das Ergebnis: Vertreibung aus
dem Paradies, Mühsal, Krankheit und Tod. Das Böse
zieht immer Leiden nach sich. Wir sollten deshalb gewarnt sein, wenn das Böse so verharmlost wird, wie es
heute geschieht.

Frauen, die ihre Männer für Dummköpfe halten

Vor einiger Zeit bin ich auf eine dreitausend Jahre alte Frauengeschichte gestoßen. Und zwar im Alten Testament, einer Fundgrube für gute Frauengeschichten. Diese gefällt mir besonders. Sie könnte auch heute noch passieren – nicht bei uns, aber in Afrika oder in arabischen Ländern. Ihre drei Hauptpersonen sind: erstens ein gewisser Nabal, ein reicher, arroganter Viehzüchter. Zweitens seine Frau Abigail, die als schön und klug beschrieben wird. Und drittens David, der spätere König von Israel, vorläufig noch ein junger, ungestümer Mann.

Jetzt ist es so, dass David mit seinen Männern in der Wüste umherzieht und ihm die Vorräte ausgehen. Da trifft es sich gut, dass der reiche Nabal gerade in der Nähe ist und die Schur seiner Schafe beaufsichtigt. Weil Nabal sehr viele Schafe hat, sind in diesen Tagen auch viele Scherer bei ihm beschäftigt, die alle versorgt werden müssen. Bei Nabal gibt es also zu essen, sogar reichlich zu essen – warum soll da nicht auch etwas für uns abfallen?, denkt David. Zumal Nabal David zu Dank verpflichtet ist, weil David und seine Männer in den letzten Wochen die Hirten und Herden Nabals vor Raubtieren und Viehdieben geschützt haben. Also schickt David ein paar von seinen Leuten zu Nabal und lässt höflich um etwas zu essen bitten. Aber Nabal ist ein Rohling. Er schreit Davids Männer an und schickt sie mit leeren Händen und leeren Mägen in die Wüste zurück. Und David kocht vor Wut. Er hat nur noch einen Gedanken: Rache! Alle umbringen! Diesen Nabal – und seine Leute gleich mit! Sie greifen nach ihren Schwertern und brechen auf …

Das ist der Moment, in dem Abigail sich einschaltet. Sie erfährt von der Frechheit ihres Mannes und ahnt, was David vorhat. Kurz entschlossen bepackt sie eine ganze Eselskarawane mit Vorräten, mit Lammfleisch und Broten und Feigenkuchen und Weinschläuchen, und reitet David entgegen. Auf eigene Faust, ohne Nabal davon etwas wissen zu lassen. Und als sie auf David trifft, versucht sie es mit Vernunft. Sie sagt: «Mein Mann ist ein Dummkopf. Beachte ihn gar nicht. Denke aber vor allem an dich. Eines Tages wirst du König sein. Wenn du dich jetzt rächst, wirst du den Thron mit einem Blutfleck auf deiner Weste besteigen. Das ist kein guter Anfang. Komm zur Besinnung, David, und verzichte auf deine Rache.» Die klugen Worte einer klugen Frau. Und tatsächlich, es gelingt Abigail, das Blutvergießen zu verhindern. David hört auf sie. Er kommt zur Vernunft. Und später, nachdem Nadal eines natürlichen Todes gestorben ist, heiratet er sie sogar. Eine Geschichte wie aus dem Märchen? Eine Geschichte wie aus dem Leben! Nachzulesen in 1. Samuel 25, 2 – 42.

«Dieser Papst hat wieder mal nichts begriffen!»

Man hört nicht viel Gutes über die Kirche. Egal ob es um die evangelische oder die katholische geht – sobald die Sprache auf die Kirche kommt, wird Unmut abgelassen, wird kritisiert. Oder haben Sie schon mal erlebt, dass jemand gesagt hätte: «Die letzte Botschaft des Papstes war eine Offenbarung. Das waren kluge Worte zur rechten Zeit»? Oder: «Nach dem Gottesdienst fühle ich mich jedes Mal gestärkt und beglückt. Also, ich gehe gern zur Kirche»? Das kommt doch ziemlich selten vor. Da würden die Zuhörer auch große Augen machen. Denn meist klingt es doch so: «Dieser Papst! Er hat wieder mal nichts begriffen.» Oder: «Unser Pfarrer ist als Prediger eine Null. Dessen einschläfernde Vorträge tue ich mir nur noch zu Ostern und zu Weihnachten an.» Und dann ärgern sich alle bereitwillig mit. Irgendwann landet man bei den Ketzerverbrennungen und den Hexenprozessen, das ganze Sündenkonto der Kirche wird noch einmal durchgegangen. Und spätestens jetzt sind sich alle einig: Diesem Verein muss man nicht angehören. Wer unbedingt will, kann ja still für sich, als Privatmann oder Privatfrau, weiterhin seinem Glauben anhängen.

Ich muss Ihnen ein Geständnis machen. Ich liebe die Kirche. Ich finde, dass der Papst tatsächlich oft kluge Worte zur rechten Zeit sagt. Und ein Leben ohne Gottesdienste könnte ich mir gar nicht vorstellen. Gott in Liedern und Gebeten zu preisen, das ist für mich wirklich beglückend, jedes Mal aufs Neue. So wie es an einem geliebten Menschen auch immer etwas auszusetzen gibt, ärgere ich mich von Zeit zu Zeit über die Kirche. Über lahme Gottesdienste und inhaltslose Predigten und manche Engstirnigkeit unserer Führungsriege. Aber was bedeutet das schon im Vergleich zu dem Glück, einer Gemeinschaft anzugehören, in der die Botschaft Jesu Christi verkündigt wird? Wo ich die Güte und Herrlichkeit Gottes feiern kann? Wo ich mich mit vielen Millionen Menschen auf der ganzen Welt im Glauben an die Liebe Gottes verbunden fühlen darf?

Sehen Sie, Christentum ist vor allem Gemeinschaft. Gemeinschaft, die durch Liebe entsteht. Durch die Liebe, die uns mit Jesus Christus verbindet, und die Liebe, die uns Menschen untereinander verbindet. Und deshalb kann man seinen Glauben auch nicht wie seinen Vorgarten pflegen, als Privatvergnügen. Glaube ohne Gemeinschaft ist undenkbar. Und wenn wir unser Christentum so verstehen, dann haben wir Besseres zu tun, als die Kirche zu kritisieren.

Haben Sie Vertrauen
in die eigenen Kinder

Eine Zeitung macht eine Umfrage unter Jugendlichen zwischen zwölf und fünfzehn Jahren. Die dazu abgebildeten Fotos zeigen ernste, verschlossene Gesichter. Kein Lächeln, keine Spur von Fröhlichkeit. Eine der Fragen, die ihnen gestellt werden, lautet, was ihrer Meinung nach für Erwachsene typisch sei. Und was antworten diese jungen Leute? Erwachsene wollen alles kontrollieren und alles wissen. Sie sorgen sich zu viel. Sie wollen einem ständig etwas beibringen. Sie wollen einen belehren, auch wenn sie keine Ahnung haben. Sie wollen einem immerzu helfen, auch wenn man es selbst versuchen möchte …

Wir sollten diese Antworten ernst nehmen. Sie halten der Generation ihrer Eltern einen Spiegel vor. Und was sehen wir in diesem Spiegel? Menschen, die in ständiger Sorge sind. Übertrieben fürsorglich. Übertrieben ängstlich. Und die sich deshalb in das Leben ihrer Kinder so stark einmischen, dass denen die Luft zum Atmen wegbleibt. Sorge und Kontrolle, auf diese beiden Begriffe lassen sich die Erfahrungen bringen, die die befragten Jugendlichen mit ihren Eltern offenbar machen.

Gewiss, die Pubertät ist ein schwieriges Alter. Kinder fühlen sich da schnell gegängelt, und auch früher schon gab es Klagen über die Eltern. Sie haben kein Verständnis für uns, hieß es in den sechziger und siebziger Jahren. Damals sehnten sich die Jugendlichen nach Freiheit wie kaum eine Generation zuvor. Heute sind die Jugendlichen von damals selbst Eltern – und scheinen ganz vergessen zu haben, wie wichtig Freiheit für junge Menschen ist. Stattdessen drängen sich viele ihren Kindern auf, mischen sich ein, kümmern sich um alles.

Die Psychologen haben eine Erklärung dafür. Nichts ist heute mehr selbstverständlich, sagen sie. Deshalb sehen wir überall Probleme und reagieren verängstigt, kopflos, übertrieben. Das mag sein. Ich habe aber noch eine andere Erklärung dafür. Denn gefährlich war die Welt schon immer. Aber früher war das Vertrauen größer. Das Selbstvertrauen. Das Vertrauen zu den eigenen Kindern. Das Vertrauen darauf, dass es das Leben trotz allem gut mit einem meint. Das Vertrauen auf einen Gott, der uns beschützt. Wenn dieses Vertrauen schwindet, breitet sich Angst aus. Vielleicht kommen wir also doch nicht ohne einen Glauben aus, der uns sagt: Du bist behütet. Denn das ist sicher: Wo das Vertrauen zunimmt, schwindet die Angst.

Verrat – auch wenn das eigene Leben nicht auf dem Spiel steht

«Ich hatte einfach Angst», musste Petrus hinterher zugeben. «Ich hatte eine Heidenangst.» Es wird ihm schwergefallen sein, das zuzugeben. Es gibt ja Leute, die von sich behaupten, keine Angst zu kennen. Und die auch wirklich die Nerven behalten, wenn andere den Kopf verlieren. Ich könnte mir denken, dass sich Petrus zu dieser Art Menschen rechnete. Immerhin hatte er Jesus bei dessen Verhaftung als Einziger von allen Jüngern mit dem Schwert verteidigt! Immerhin war er Jesus bis zum Verhör im Palast des Hohepriesters gefolgt – ebenfalls als Einziger! Und dann das. Dreimal hintereinander hatte er heftig abgestritten, Jesus zu kennen. «Einer von dessen Freunden? Ich? Unsinn. Muss sich um eine Verwechslung handeln. Habe nichts mit diesem Jesus zu tun ...», so oder so ähnlich hatte er versucht, sich herauszureden, und der Mund war ihm dabei trocken vor Angst. Kaum stand er mit sich allein draußen in der dunklen Gasse vor dem Palast, brach er in Tränen aus. Jesus nicht kennen? Petrus erkannte sich selbst nicht wieder. Auch er also ein Feigling. Auch er also einer, auf den kein Verlass ist ...

Jedes Mal, wenn diese Bibelstelle am Karfreitag im Gottesdienst vorgelesen wird, berührt sie mich tief. Wer hat das nicht schon selbst erlebt? Im entscheidenden Moment versagt man – aus Angst. Dabei stand nicht einmal das eigene Leben auf dem Spiel. Nur das Ansehen bei den Kolleginnen und Kollegen. Trotzdem hat man der Freundin oder dem Freund nicht den Rücken gestärkt, als alle anderen über die Person herfielen. Was sollte ich also sagen, als mir ein Priester in China einmal gestand, im Augenblick der Gefahr seinen Glauben verraten zu haben? «Ich hatte nicht die Kraft zum Martyrium», sagte er mir unter Tränen. Da wies ich ihn auf Petrus hin, den starken Mann, der schwach geworden war.

Denn wie hatte Jesus reagiert? Nach seiner Auferstehung trafen sich die beiden wieder. Und Jesus fragte ihn: «Petrus, liebst du mich?» Dreimal stellte er ihm diese Frage – genauso oft, wie Petrus bestritten hatte, ihn zu kennen. Ich kann mir denken, dass es Petrus dabei heiß und kalt vor Scham geworden ist. Jedenfalls brach er diesmal nicht in einen vollmundigen Treueschwur aus. «Ja, du weißt, dass ich dich liebhabe», das war alles, was er herausbrachte. Jesus hatte ihm vergeben. Und das ist Petrus vielleicht am schwersten von allem gefallen. So zu versagen – und sich dann auch noch vergeben zu lassen …

Eine Hand der Versöhnung aus Stahl

Manchmal geht es bei uns Benediktinern zu wie in einer großen Firma oder in der Politik. Einmal im Jahr trifft sich das Führungspersonal aller unserer Klöster zu einer internationalen Konferenz, und dann geht es um die Zukunft unseres Ordens. Und das letzte Mal fand unsere Jahresversammlung in Südafrika statt. Ich war natürlich dabei und habe deshalb selbst miterlebt, wie ein Mensch ans Rednerpult trat, der aus dem üblichen Rahmen fiel.

Vor uns stand ein Mann, dessen Hände durch zwei Stahlprothesen ersetzt waren. Auch sein rechtes Auge war künstlich. Dieser Mann hatte zur Zeit der Apartheid in Südafrika gegen die Rassentrennung gekämpft. Eines Tages bekam er einen Brief, der eine Bombe enthielt, und ahnungslos wie er war, öffnete er ihn. Durch die Wucht der Explosion verlor er beide Hände und ein Auge. Dieser Mann hätte also Grund genug zum Hass auf alle gehabt, die damals seine politischen Gegner waren. Und worüber redete er zu uns? Darüber, wie man von seinen furchtbaren Erinnerungen geheilt werden kann. Wie man sich aus dem Strudel von Wut und Groll retten kann, in den einen die eigene Erinnerung hineinziehen will. Und er sprach zu uns mit heiterer Miene. Es war offensichtlich: Dieser Mann hatte nicht nur körperlich, er hatte auch seelisch überlebt.

Nach seiner Entlassung aus dem Krankenhaus gründete er ein Institut, das sich die Aussöhnung der Menschen in diesem geschundenen Land Südafrika zum Ziel setzte. Verletzungen, sagte er, haben wir alle davongetragen – egal auf welcher Seite einer stand. Deshalb bringt er die einen wie die anderen dazu, sich gegenseitig und in aller Ruhe ihre Geschichten zu erzählen. Und mit einem Mal verstehen die einen wie die anderen, dass sie alle in ihren Seelen tief verletzt sind – auch die Täter, auch die Mörder. In diesem Moment wird selbst der Feind von einst zu einem Menschen, der Sympathie verdient, und die Heilung der Wunden beginnt.

Liebet eure Feinde – der Mann am Rednerpult hatte verstanden, was Jesus damit meinte. Jeder musste es verstehen, jeder, der ihn mit seinen Prothesen und seinem Lächeln da vorn stehen sah und seiner Geschichte lauschte. Ich war von diesem Friedensstifter tief beeindruckt. Und was mich am meisten rührte: dass die Hand, die er zur Versöhnung ausstreckte, aus Stahl war.

Fleiß und Ordnungsliebe –
einst und heute

Eine junge Frau muss fliehen. Wie so viele andere flieht sie aus ihrer Heimat Iran, weil sie das Leben unter dem Mullahregime unerträglich findet. Sie kommt nach Deutschland, sie landet in einer Herberge für Asylbewerber. Ihr ganzer Besitz passt in einen kleinen Koffer.

Das war vor zwanzig Jahren. Heute leitet sie ihre eigene Firma. Sie ist in Deutschland geblieben, hat geschuftet, hat sich hochgearbeitet. Sie hat allen Grund, stolz zu sein. Und sagt, dass sie ihren Erfolg nicht zuletzt den Tugenden verdankt, die sie hier bei uns kennengelernt hat. Typisch deutsche Tugenden wie Fleiß, Ordnungsliebe, Gewissenhaftigkeit, Pünktlichkeit und Ehrlichkeit. Mit diesen Tugenden kann man es weit bringen, sagt sie.

Man traut seinen Ohren nicht. Da spricht jemand von deutschen Tugenden – ohne im selben Atemzug zu erklären, wie altmodisch, wie langweilig, ja, wie peinlich sie sind. Fleiß, Ordnungsliebe, Gründlichkeit, erst recht die Pünktlichkeit – ist das nicht alles in Verruf gekommen? Haben wir uns nicht angewöhnt, das alles für deutsche Untugenden zu halten und uns womöglich dafür zu schämen? Ich muss zugeben: Ich habe nichts gegen Fleiß. Ich habe nichts gegen Pünktlichkeit. Ich habe nichts gegen Ehrlichkeit. Ich habe nichts gegen Gewissenhaftigkeit und Gründlichkeit und Ordnungsliebe. Wären Ihnen denn Schlamperei, Schlendrian, Gewissenlosigkeit und Oberflächlichkeit lieber? Mir jedenfalls nicht. Sicher, mit den Tugenden, auch mit den deutschen Tugenden, soll man es nicht übertreiben. Aber diese Tugenden schätzen, hochhalten, vielleicht sogar in der Erziehung darauf Wert legen – das darf man doch, oder? Da macht man doch eigentlich nichts falsch?

Auch in Italien habe ich Tugenden kennengelernt. Italienische Tugenden. Den ausgeprägten Familiensinn zum Beispiel oder das Improvisationstalent. Jedes Land wird seine ganz speziellen Tugenden haben, und nirgendwo wird man alle Tugenden zugleich antreffen – wer gerne pünktlich ist, der verlässt sich eben eher auf Planung als auf Improvisation. Das Besondere an den deutschen Tugenden ist: Sie sind etwas für Leute, die sich bewähren wollen. Die vorankommen und dabei anständig bleiben wollen. Die eine Sache gut machen und ein Ziel erreichen wollen. Ich frage mich nur: Wenn die junge Iranerin heute nach Deutschland gelangen würde – könnte sie diese Tugenden bei uns immer noch lernen?

Wie man moralischen Druck ausüben kann

«Das ist ungerecht!», schreit Johanna ihre Mutter an. In letzter Zeit beschwert sie sich daheim ziemlich häufig über «Ungerechtigkeiten», meistens dann, wenn ihre Mutter etwas von ihr verlangt, zum Beispiel die Spülmaschine auszuräumen oder kurz in die Reinigung zu gehen. Klar, Johanna hat keine Lust dazu. Sie findet es doof, im Haushalt zu helfen, sie hat Besseres zu tun. Aber «ungerecht»? Was meint sie damit? Dass sie sich irgendwie benachteiligt fühlt, meint sie damit. Sie weiß zwar, dass ihr Bruder gerade nicht zu Hause ist und ihre Mutter schon genug am Hals hat. Aber sie weiß auch, wie sie ihren Eltern auf dem schnellsten Weg ein schlechtes Gewissen machen kann. Sie ist sechzehn und hat längst heraus, dass ihre Eltern auf keinen Fall ungerecht sein wollen. Und wirklich, ihre Mutter gibt auch diesmal wieder klein bei. Dass ihre Mutter jetzt noch mehr Arbeit hat, findet Johanna überhaupt nicht ungerecht. Ist es ja auch nicht. Es ist einfach nur rücksichtslos und frech, was Johanna sich da leistet.

«Dass meine Schwester schöner ist als ich, finde ich ungerecht», sagt Ulla. Ungerecht? Was meint sie damit? Dass die Natur oder der liebe Gott ihr böswillig einen schöneren Mund oder schönere Beine vorenthalten hat? Nein, das meint sie nicht wirklich. Aber sie beneidet ihre Schwester um deren Schönheit. Sie fühlt sich irgendwie benachteiligt. Natürlich, niemand kann etwas dafür, wie sie aussieht, das weiß auch Ulla. Aber sie hat das Gefühl, ein Recht darauf zu haben, ebenso schön wie ihre Schwester zu sein. Wenn nicht sogar schöner.

Ungerecht – das Wort kommt uns immer leichter über die Lippen. Immer dann, wenn wir uns benachteiligt fühlen. Wenn wir glauben, andere hätten es besser als wir. Johannas Bruder ist nicht zu Hause, also hat er Ruhe vor der Mutter, also muss Johanna ran – ist das ungerecht? Ullas Schwester kommt bei anderen besser an, weil sie schöner ist, findet Ulla – ist das ungerecht? Nein, natürlich nicht. Aber es ist ein praktisches Wort, dieses «ungerecht». Man kann so schön moralischen Druck damit ausüben. Man kann damit andeuten, dass dieser oder jener uns dies oder das schuldet. Man braucht etwas nur ungerecht zu nennen – und schon sieht es nicht mehr so aus, als wären wir bloß neidisch oder faul. Sollten wir mit dem Wort «ungerecht» nicht doch etwas behutsamer umgehen? Denn, seien wir ehrlich – oft betrügen wir uns damit nur selbst.

Ameisen ziehen wie Christen an einem Strang

Wer von uns hat nicht schon unangenehme Bekanntschaft mit Ameisen gemacht! Wenn wir als Kinder auf der Wiese saßen und ein Butterbrot verzehrten, prompt waren sie da, krochen an unseren Beinen hoch und piksten uns. Noch übler spielen einem die großen Ameisen in Tansania mit, die Siafu. Ich erinnere mich ... Früher gab es unter unseren Afrikamissionaren welche mit boshaftem Humor, die machten sich einen Spaß daraus, Neuankömmlinge aus Europa mit diesen Viechern zu ärgern. Wenn sie mit einem unterwegs waren und eine Straße dieser schwarzen, großen Ameisen entdeckten, ließen sie den nichtsahnenden Mitbruder genau an dieser Stelle stehen und verwickelten ihn in ein Gespräch. Unterdessen krabbelten diese Biester an seinen Beinen hoch, verteilten sich über seinen ganzen Körper und bissen zu. Das tat weh. Und das einzige Mittel dagegen war, in den Busch zu springen und sich alle Kleider vom Leib zu reißen.

Bei meinem letzten Aufenthalt in einem indischen Kloster habe ich aber eine ganz andere Erfahrung mit Ameisen gemacht. Am ersten Abend umschwebte mich auf meinem Zimmer laut brummend eine Hornisse. Ich hätte sie gern unschädlich gemacht – bloß wie? Der Raum war sehr hoch und eine Jagd mit dem Handtuch aussichtslos; außerdem war ich todmüde. So müde, dass ich mich auf die Matratze fallen ließ und nicht einmal das Moskitonetz über dem Bett aufspannte. Vielleicht würden wir beide uns eine Nacht lang vertragen …

Am nächsten Morgen war von der Hornisse nichts zu hören. Tiefe Stille. Und dann sah ich es: eine Straße winziger Ameisen, die die leere Hülle des Hornissenkörpers die Wand hochschleppten. Unglaublich! Welche Kraft diese kleinen Tiere hatten! Und über die Kakerlake, die ich nachts in meinem Bad erlegt hatte, hatten sie sich ebenfalls hergemacht. Einige Stunden später transportierten sie auch deren Hülle ab – auf demselben Weg wie die Hornisse. Was man mit vereinten Kräften nicht alles erreichen kann, dachte ich. Wenn wir Menschen nur auch häufiger so zusammenhalten, so an einem Strang ziehen würden, auf der Arbeitsstelle, in der Familie. Wenn wir die anderen einmal nicht als Konkurrenten betrachten würden, sondern als Mitspieler und Mitstreiter. Wie einfach würde dann vieles! Etwas mehr Mannschaftsgeist, etwas mehr Gemeinschaftssinn – das wäre doch vernünftig. Und christlich wäre es obendrein.

Meinungsfreiheit heißt auch:
Kreuze links liegenlassen

Es könnte durchaus sein, dass jemand meine Ansichten nicht teilt und sich deshalb über sie ärgert. Vielleicht, weil der- oder diejenige nicht gut auf die Kirche zu sprechen ist, vielleicht, weil die betreffende Person Religion überhaupt für Unfug hält. Jedenfalls finden wahrscheinlich manche von Ihnen das, was ich schreibe, ärgerlich. Nehmen wir an, jemand beschließt, gegen meine Betrachtungen zu protestieren, und schreibt also an den Verlag: «Ich fühle mich durch die Gedanken von Notker Wolf angegriffen und beleidigt, ich möchte davor geschützt werden, bitte nehmen Sie dieses Buch vom Markt ...» Nun, wahrscheinlich würde der Verlag das nicht machen. Wahrscheinlich würde er der empörten Person etwa Folgendes zurückschreiben: «Lieber Leser, es gibt in diesem Land Meinungsfreiheit, und wenn Ihnen die Ansichten von Notker Wolf nicht behagen, dann beachten Sie sie einfach nicht.» Damit hätte sich die Sache, und ich dürfte noch ein Weilchen weiter meine Bücher veröffentlichen.

Warum ich mir diesen Fall ausgedacht habe? Weil in Düsseldorf vor einiger Zeit etwas Ähnliches passiert ist. Da hat der Gerichtspräsident sämtliche Kreuze aus den Gerichtssälen entfernen lassen, weil sich Ungläubige und Muslime von diesen Kreuzen angegriffen und beleidigt gefühlt haben. Eine Zeitlang hatte man sie abgehängt, wenn sich jemand über sie beschwerte, und dann wieder aufgehängt, aber jetzt sollen sie ganz verschwinden, für immer. Und jetzt frage ich mich: Müssen wir es eigentlich jedem recht machen? Kann man nicht auch von Atheisten und Muslimen ein Mindestmaß an Toleranz erwarten? Denn wofür steht das Kreuz? Es ist ein Symbol. Und es steht für die christlichen Grundlagen unserer Kultur. Auch unsere Verfassung beruht darauf. Das Kreuz symbolisiert die christlichen Werte unserer Gesellschaft. Adolf Hitler wusste das – und hat 1933 alle Kreuze aus deutschen Gerichtssälen entfernen lassen. Die Kommunisten wussten das – und haben 1949 alle Kreuze aus den Gerichtssälen der DDR entfernen lassen. In der Bundesrepublik wurden sie nach dem Zweiten Weltkrieg wieder aufgehängt – als Zeichen dafür, dass die Zeit der Barbarei vorüber ist. Und jetzt will man dieses Zeichen opfern, um Leuten entgegenzukommen, die sich beleidigt fühlen? Kann man diesen Leuten nicht einfach sagen: «Wenn euch das Kreuz nicht behagt, dann beachtet es einfach nicht»?

Auf frischer Tat ertappt

Erwischt werden – und keine Entschuldigung haben. Ertappt werden – und nichts zu seiner Verteidigung vorbringen können. Ich glaube, das gehört zu den unangenehmsten Situationen, in die wir geraten können. Heiß und kalt schießt einem das Schuldbewusstsein durch den Körper, und man weiß: Was ich getan habe, war falsch. Furchtbar falsch. Ich bin im Unrecht, ich habe mir alles vermasselt, und was jetzt auf mich zukommt, das habe ich ganz allein mir zuzuschreiben …

Auf die Frau, deren Geschichte im 8. Kapitel des Johannesevangeliums erzählt wird, kommt der Tod zu. Der Tod durch Steinigen. Sie ist auf frischer Tat beim Ehebruch ertappt worden, darauf steht die Todesstrafe, und nun schiebt eine Meute empörter Männer diese Frau vor sich her, bugsiert sie in den Tempel hinein, und plötzlich stehen sie alle vor Jesus. Sie bauen sich um ihn herum auf, sie stoßen die Frau in die Mitte, sie stehen da mit den eisigen Gesichtern von Menschen, die sich hundertprozentig im Recht fühlen. Die Frau schweigt schuldbewusst. Da sagt einer der Männer zu Jesus: «Hier, die haben wir gerade beim Ehebruch erwischt. Nach dem Gesetz muss sie sterben. Was meinst du? Hat sie den Tod verdient oder nicht?» Das Merkwürdige ist: Jesus reagiert gar nicht darauf. Er würdigt diese Männer nicht einmal eines Blickes. Er geht in die Hocke und zeichnet wie geistesabwesend irgendetwas mit dem Finger in den Staub. Vielleicht denkt er: Ich will hier nicht den Richter spielen. Ich bin kein Richter. Aber die Meute lässt nicht locker. Sie will es unbedingt wissen: Wird Jesus diese Person in Schutz nehmen? Wird er womöglich ihre Partei ergreifen? «Nun sag schon», bohren die Männer nach. «Hat sie den Tod verdient oder nicht?» Da richtet sich Jesus auf, schaut in deren Gesichter und sagt einen einzigen Satz. Er sagt: «Wer von euch ohne Sünde ist, der werfe den ersten Stein auf sie.» Da steigt in diesen Männern, die eben noch so fürchterlich recht hatten, das Schuldbewusstsein auf. Plötzlich steht die Frau nicht mehr allein mit ihrem schlechten Gewissen da. Plötzlich haben die Männer etwas mit ihr gemeinsam. Und ihr gerechter, selbstgerechter Zorn ist im selben Augenblick verflogen. Einer nach dem anderen verdrückt sich. Diesmal werden keine Steine fliegen.

Hat Jesus die Ehebrecherin verteidigt? Nein, das hat er nicht. Auch Jesus verurteilt den Ehebruch – da gibt es nichts zu verteidigen, nichts zu beschönigen. Aber er hat ihr die Strafe erspart. Weil er der Erlöser und kein Richter ist. Weil ihm mehr daran liegt, eine verirrte Seele zu retten, als einen Schuldigen zu bestrafen. Weil er der Sohn eines gnädigen Gottes ist.

Wie aus Wasser Wein wurde

Eines der vielen Wunder Jesu kommt bis heute besonders gut an, auch bei Leuten, die sonst nichts auf Jesus geben, nämlich die Verwandlung von Wasser in Wein, wie sie im 2. Kapitel des Johannesevangeliums erzählt wird. Ja, diese Vorstellung könnte einem schon gefallen: Wein im Überfluss zu haben, ohne einen Cent dafür bezahlen zu müssen, wobei es reicht, wenn man ordinäres Leitungswasser hat. Aber im Ernst – was soll dieses Wunder? Wollte Jesus damit den Weinliebhabern imponieren? War er sozusagen auf Stimmenfang? Schauen wir uns die Geschichte einmal genau an.

Eine Hochzeit wird gefeiert, und unter den Gästen befinden sich auch Maria, ihr Sohn Jesus und etliche seiner Freunde. Man tanzt, man trinkt, und irgendwann bemerkt Maria, dass der Wein zur Neige geht. Für die meisten Mütter ist es ein furchtbarer Gedanke, dass Gäste zu knapp kommen könnten, auch für Maria. Also stößt sie ihren Sohn an und raunt ihm zu: «Du, unseren Gastgebern geht der Wein aus …» Aber was geht das Jesus an? Wahrscheinlich unterhält er sich gerade prächtig, jedenfalls lässt er Maria abblitzen – diese Mütter mit ihrer ewigen Sorge, dass es nicht reichen könnte … «Was willst du? Lass mich in Ruhe», sagt er. Doch Maria hat die Sache nun einmal in die Hand genommen. Als kluge Mutter überhört sie den ruppigen Ton ihres Sohns und erteilt dem Personal die Anweisung: «Egal was mein Sohn euch sagt, tut es einfach.» Und wirklich, angesichts der Unbeirrbarkeit seiner Mutter gibt Jesus sich geschlagen. «Füllt diese sechs Krüge hier mit Brunnenwasser», fordert er die Diener auf. Sie machen die Krüge randvoll. «Und jetzt», sagt Jesus, «schöpft etwas von dem Wasser ab und lasst den Küchenchef kosten.» Gut, der Küchenchef kostet – und stellt fest: ein ziemlich edler Tropfen. Besser als alles, was bisher an Wein ausgeschenkt wurde. Er ist verwirrt. Das Wunder hat er gar nicht mitbekommen, aber – schenkt man denn nicht den besten Wein als ersten aus, bevor alle so betrunken sind, dass sowieso keiner mehr den Unterschied bemerkt? Offenbar eine Panne, die dem Bräutigam unterlaufen ist …

Wer das Wunder aber mitbekommen hat, das sind Jesu Freunde, seine Jünger. Und um die geht es dabei. Sie «glaubten an ihn», lautet der letzte Satz dieser Erzählung. Und das heißt: Sie verstanden. Glauben heißt verstehen. Sie verstanden, dass Jesus die Kraft hat zu verwandeln. Etwas Gewöhnliches, Alltägliches in etwas Kostbares zu verwandeln.

Wasser in Wein zum Beispiel. Oder abgestumpfte
Alltagsmenschen in aufmerksame, geduldige Men-
schenfreunde.

Nicht einmal die Hölle will sie

Gibt es eine schrecklichere Vorstellung als die, in der Hölle zu landen? Könnte es eine schlimmere Strafe geben? Ja, sagt Dante, der größte italienische Dichter des Mittelalters. Ja, es gibt etwas Schrecklicheres als die Hölle. Auf dieses schlimmste Schicksal, das einen Menschen erwarten könnte, kommt er in seiner *Göttlichen Komödie* zu sprechen, einem umfangreichen Gedicht, das von einer Wanderung durch Himmel und Hölle erzählt. Natürlich hat Dante das Jenseits nicht mit eigenen Augen geschaut; was er beschreibt, ist die Vision eines genialen Dichters. Aber in dieser Vision offenbaren sich die menschlichen Verhältnisse auf Erden wie unter einem Vergrößerungsglas, so scharf umrissen, so überdeutlich. Und was hält dieser große Dichter nun für das schlimmste Schicksal, das einer menschlichen Seele widerfahren kann?

Dante beschreibt es so: Gefangen im Niemandsland zwischen Himmel und Hölle, treiben zahllose Seelen im Kreise herum, «wie Sand gejagt in einem Wirbelsturm». Ohne Halt, ohne Ziel werden sie immer weiter gepeitscht, immer im Kreis, und dabei schreien sie gellend laut oder mit heiserer Stimme. Was sagen sie? Sie betteln um Einlass. Um Einlass in die Hölle. Doch nicht einmal die Hölle will sie haben. Das sind die Seelen derer, sagt Dante, die nie wirklich gelebt haben. Die unglücklichsten von allen. Doch was meint er mit Menschen, die nie wirklich gelebt haben?

Diejenigen, die schon auf Erden nirgendwo hingehört haben, weil sie sich nie für etwas entscheiden konnten. Menschen ohne Standpunkte, ohne Meinungen, ohne Gesicht – in keinem Glauben, in keiner Überzeugung verankert. Menschen, die nie Partei ergriffen haben, die nie etwas verteidigt, nie etwas angegriffen haben. Menschen, denen aus Ängstlichkeit oder falsch verstandener Toleranz alles gleichgültig war, die weder für das Gute noch für das Böse gekämpft haben. Die dem Leben ausgewichen sind. Die keinem wehtun wollten. Die es allen recht machen wollten. Mit denen kann der Himmel genauso wenig wie die Hölle anfangen, und deshalb wirbeln sie dort in diesem Niemandsland herum, beseelt von dem einzigen und allerletzten Wunsch, endlich doch noch eine Heimat zu finden, einen Ort, wo sie hingehören, und sei es die Hölle. Es steckt in dieser Vision eine tiefe Wahrheit, wie ich finde. Denn wenn wir um des lieben Friedens willen alle Überzeugungen aufgeben, verwandeln wir uns schon zu Lebzeiten in Schatten. Dann treiben wir schon hier wie Dantes Seelen

nur sinnlos im Kreis. Wir sollten seine Vision als Warnung verstehen. Als Warnung vor feiger Halbherzig-
keit.

Glaube – ein billiger Trost für Versager?

Man trifft heute viele Menschen, die mit Religion nichts mehr anfangen können. Was soll das, fragen sie sich, wozu ist Religion überhaupt gut? Sie finden es unbegreiflich, dass in unseren aufgeklärten Zeiten immer noch Menschen an Gott glauben, in die Kirche gehen und beten – kurz: gerne Christen sind. Irgendetwas kann mit denen nicht stimmen. Was ist denn Glaube anderes als ein billiger Trost für Versager? Ein Beruhigungsmittel für Leute, die es im Leben zu nichts bringen und deshalb auf ein schöneres Leben im Jenseits spekulieren? Und um die Welt zu erklären, brauchen wir Gott auch nicht mehr, das können die Naturwissenschaften besser. Mit anderen Worten: Religion ist ein Überbleibsel aus finsterer Zeit – also, weg damit und einfach drauflosgelebt! Man braucht keinen Gott, um es sich auf Erden schön zu machen …

Stimmt, kann ich nur sagen. Amüsieren kann man sich auch ohne Gott. Erfolgreich sein kann man auch ohne Glauben. Und Blitz und Donner oder die Schwerkraft lassen sich physikalisch erklären, dafür braucht man die Bibel nicht aufzuschlagen. Was das angeht, können wir uns auf unseren Verstand verlassen. Aber auch der Verstand hat seine Grenzen. Er versagt, wenn es darum geht, wie wir richtig leben. Er hilft uns nicht, unsere Menschlichkeit zu entfalten, sodass wir verdienen, Gottes Ebenbild genannt zu werden. Er hindert uns nicht, wenn die Gier, die Rachsucht, die Überheblichkeit mit uns durchgehen und wir Gefahr laufen, zum Raubtier zu werden. Und er lässt uns auch im Stich, wenn Enttäuschungen, Krankheit und Tod uns am Leben verzweifeln lassen.

Mit dem Verstand sehen wir nur die Welt der nackten Tatsachen. Aber im Glauben sehen wir tiefer und weiter, wir schauen die Wahrheit hinter den Kulissen. Im Glauben können wir der eigenen Seele auf den Grund gehen und dort unsere maßlose Hoffnung auf wahres Glück, unsere grenzenlose Sehnsucht nach wahrer Liebe entdecken, ohne zu erschrecken. Im Glauben können wir aber auch dem Dasein auf den Grund gehen und dort die Liebe als treibende Urkraft allen Lebens entdecken, also Gott begegnen. Die Religionen zeigen uns dann, wie wir mit dieser Kraft in Verbindung treten und in Verbindung bleiben – und davon hängt es ganz entscheidend ab, ob wir nicht bloß gut, sondern auch richtig leben. Ist das nicht ein guter Grund, auch in aufgeklärten Zeiten am Glauben festzuhalten?

Ein Plädoyer
für fröhliche Kinderstimmen

In einem Flugzeug trifft sich häufig ein Querschnitt der Erdbevölkerung, und manchmal prallen die unterschiedlichen Kulturen aufeinander. So war es auch dieser Tage, als ich von Rom nach München flog. In der Reihe hinter mir hatte sich eine Familie niedergelassen, die Mutter Italienerin, der Vater Amerikaner. Vermutlich hatten sie Verwandte in Italien besucht. Ihre beiden Kinder, etwa vier und fünf Jahre alt, waren quicklebendig, redeten laut und schrien manchmal sogar auf. Alles, was sie sahen und erlebten, mussten sie in Worte fassen.

Zugegeben: Hinter mir ging es wirklich ziemlich geräuschvoll zu. An Lesen war unter diesen Umständen gar nicht zu denken. Und doch habe ich mich über die Lebendigkeit dieser Kinder gefreut. Wenigstens zwei Menschen in dieser Maschine, die ihren Spaß hatten und nicht bloß stumm und stur die Flugzeit absaßen!

Sicher war ich als Kind ähnlich. Jedenfalls erinnere ich mich, dass meine Mutter ihre liebe Not hatte, mich in der Kirche während der Predigt ruhigzuhalten. Denn einem Pfarrer fällt es ja auch nicht leicht, sich zu konzentrieren, wenn Kinder ständig Unruhe verbreiten.

In der Reihe vor mir saßen junge Chinesen. Einer hatte sich schon beim Start weit zurückgelehnt in der Absicht, den Flug zu verschlafen. Mit einem Mal richtete er sich auf und beschimpfte die Familie hinter mir wegen des Lärms. Nun ja, dachte ich – in China, wo jede Familie nur ein Kind haben darf, ist man an fröhliche Kinderstimmen wohl nicht mehr gewöhnt. Umso mehr freute ich mich über die Antwort des Vaters: «Von Ihnen sollte man eigentlich mehr Vernunft erwarten als von diesen Kindern!» Das saß, und ich konnte ihm nur beipflichten. Italiener – und dieser amerikanische Vater hatte durch seine Frau sicher italienische Gepflogenheiten angenommen – bringen eben oft viel Verständnis für Kinder auf, lassen sie gewähren, werden nicht leicht ungeduldig. Mir ist das sympathisch.

Auch die Kinder, die die Jünger Jesu seinerzeit von ihrem Meister fernhalten wollten, waren gewiss keine braven Vorzeigekinder mit sauberen Händen und gescheiteltem Haar. Das waren mit Sicherheit Lausbuben und freche Gören, wie sie einem heute noch in Afrika lachend und schreiend nachlaufen, schmutzig, verlaust und ziemlich aufdringlich. Die Jünger hatten die besten Absichten, als sie Jesus diese Bande vom Hals halten wollten. Und wie reagierte Jesus? «Lasst die Kleinen zu mir kommen, denn ihrer ist das Himmelreich», sagte er. Jedes Mal, wenn Kinder laut werden, muss ich daran denken – und schmunzeln.

Lourdes und die Wunder der Heilung

Gibt es Wunder? Oder blamiert sich jeder, der heute noch an Wunder glaubt? Nun, begleiten Sie mich doch einmal an den berühmten französischen Marienwallfahrtsort Lourdes. Dort finden tatsächlich immer wieder überraschende Heilungen statt. Sie werden von einem Ärztekomitee bestätigt, das jeden einzelnen Fall registriert und gründlich untersucht. Derzeit sind es etwa siebzig wundersame Heilungen im Jahr, aber in den letzten 150 Jahren sind 7200 Heilungen verzeichnet worden, für die es zu ihrer Zeit keine medizinische Erklärung gab. Darf man sie als Wunder bezeichnen?

Tatsache ist: Spontanheilungen kommen vor, auch heute. Ich selbst weiß von einem Mitbruder, der in Lourdes von einer unheilbaren Krankheit geheilt wurde. Er litt unter Multipler Sklerose – und kehrte als Gesunder aus Lourdes zurück. Ich kannte ihn gut. Nach seiner überraschenden Genesung waren ihm noch weitere dreißig Lebensjahre vergönnt, und bis zu seinem Tod blieb er von dieser Krankheit verschont.

An den Wundergeschichten, die in den Evangelien

von Jesus Christus berichtet werden, könnte also etwas dran sein. Und dort stoßen wir auch auf eine mögliche Erklärung dafür. «Dein Glaube hat dir geholfen» – mit diesen Worten kommentiert Jesus einige seiner Heilungswunder. In anderen Fällen vergibt er einem Kranken zunächst seine Sünden, bevor die körperliche Heilung eintritt. Es geschieht also mit der Seele des Kranken eine Verwandlung – er erfährt eine Befreiung von Schuld, er fühlt sich erlöst, er überlässt sich ganz dem Vertrauen auf Gott. Und das erscheint mir das Entscheidende. Jesus zaubert die Krankheit nicht einfach fort, aber er mobilisiert andere Kräfte als ein normaler Arzt. Er mobilisiert die Kraft des Glaubens und die Kraft der Liebe. Durch diese Kräfte kommt der Mensch mit Gott, mit sich selbst und nicht zuletzt mit seinen Mitmenschen ins Reine, und das wirkt heilend auf Seele und Leib.

Wir kennen das: Wenn sich ein Kummer in die Seele frisst, dann frisst er sich auch in den Leib. Und wenn sich die Seele freut, freut sich der Körper mit. Ich würde deshalb niemals bestreiten, dass Gott in einem Menschen heilend wirken kann. Wenn wir Wunder also als Zeichen einer umfassenden Genesung verstehen, einer Genesung an Seele und Leib, dann dürfen wir weiterhin an Wunder glauben. Und weiterhin auf Wunder hoffen.

So schlecht ist unsere Welt
nun auch wieder nicht

Irgendwo in einer deutschen Großstadt passiert eine alltägliche Geschichte. Eine dumme Geschichte, aber keine ungewöhnliche: Eine alte Dame verlässt abends die Kirche, sie stolpert und stürzt. Passanten eilen ihr zu Hilfe, Sanitäter werden gerufen. Dann geht wieder jeder seiner Wege, und abgesehen von einer blutenden Nase ist die Gestürzte mit dem Schrecken davongekommen. Nochmal gutgegangen, könnte man sagen und den Vorfall vergessen. Nicht so die alte Dame.

Einige Tage später erscheint in einer Tageszeitung ein Gedicht, und zwar auf der Seite mit den persönlichen Anzeigen. «Dank an meine Mitmenschen» ist das Gedicht überschrieben, und daneben ist ein Schwarz-Weiß-Foto abgedruckt, aus dem die alte Dame einem ernst entgegenblickt. Es ist ein etwas holpriges Gedicht, eines dieser Gelegenheitsgedichte eben, wie man sie von Geburtstagen und Hochzeiten kennt. Außergewöhnlich aber ist der Inhalt. Denn die alte Dame schildert sieben Strophen lang, wie sie hilflos da vor der Kirche liegt, mit blutender Nase, und wie sich nun prompt alle möglichen Menschen um sie kümmern: Die einen helfen ihr wieder auf die Beine, andere reichen ihr Taschentücher, jemand ruft per Handy einen Krankenwagen, und eine Passantin läuft sogar los, um dem Mann der alten Dame Bescheid zu sagen, offenbar wohnt sie nicht weit von der Kirche entfernt. Und dann, in der achten und letzten Strophe, bedankt sich die Dichterin bei ihren unbekannten Helfern. Diese Strophe gefällt mir so gut, dass ich sie hier zitiere: «All denen, die in dieser Nacht / mir ihren Beistand beigebracht, / sag ich von Herzen meinen Dank. / Bei allem Streit und allem Zank: / So schlecht kann unsre Welt nicht sein, / wo so viel Gutes stellt sich ein.»

Ich finde, an diesem Gedicht tut alles gut. Es tut gut, wie viele Menschen gleich bereit waren zu helfen. Also ihre eigenen Wege zu unterbrechen, weil die alte Dame in diesem Augenblick für sie wichtiger war als alles andere. Es tut auch gut, dass da nicht jemand sich den Staub vom Mantel klopft und zur Tagesordnung übergeht, sondern sich hinsetzt, ein Dankgedicht schreibt und es auf eigene Kosten in die Zeitung bringt – weil er das Gefühl hat, so gehört es sich. Und gut tut es obendrein, dass die spontane Hilfe der Seele dieser alten Dame so wohlgetan hat, dass sie nun die ganze Welt in einem freundlicheren Licht sieht. Ein kleines Gedicht nur. Aber es wärmt einem das Herz.

Gerechtigkeitsliebe oder Gerechtigkeitswahn?

Gerade wir Deutschen vergleichen uns gern mit anderen Völkern. Wir wollen wissen, wie andere über uns denken und ob man uns, trotz allem, sympathisch finden kann. Nun, als ich vor einiger Zeit in einem Kloster in Süditalien war, sprach mich ein Mitbruder, der aus dieser Gegend stammte, auf dieses Thema an, nämlich auf den Unterschied zwischen Deutschen und Italienern.

Er klopfte an meine Tür, er wollte mit mir reden. Er kannte die Deutschen und mochte sie, deshalb saß er jetzt auf meinem Zimmer und erzählte. In den sechziger Jahren hatte er im Ruhrgebiet fünf Jahre lang als Rangiermeister gearbeitet. Damals hatte er zum Glauben gefunden und sich zum Klosterleben berufen gefühlt. Er war in seine Heimat zurückgekehrt, war auch tatsächlich in ein Kloster eingetreten und hatte es nie bereut – bis heute sei er ein froher Mensch, sagte er. An Deutschland aber denke er mit Vergnügen zurück. Und was ihm an den Deutschen besonders gefalle: Sie seien genau, sie seien zuverlässig und vor allem gerecht. Gerechtigkeit sei geradezu das Kennzeichen der Deutschen. Bei den Italienern sei das Gerechtigkeitsgefühl längst nicht so stark entwickelt, die würden es auch gern mal auf eine etwas krummere Tour versuchen. Aber dafür hätten die Italiener einen anderen Grundwert, meinte er, nämlich die Liebe. Für ihn waren die Italiener geradezu das Volk der Liebe. Und so gesehen würden sich Deutsche und Italiener eigentlich wunderbar ergänzen – denn die Gerechtigkeit brauche die Liebe, damit sie nicht gnadenlos wird. Und die Liebe brauche die Gerechtigkeit, damit sie nicht alles durchgehen lässt.

Ob das immer so stimmt, will ich dahingestellt sein lassen. Aber ich fand seine Beobachtungen doch bedenkenswert. Unser deutsches Gerechtigkeitsgefühl ist sicherlich etwas ganz Wertvolles. Doch schon die alten Römer sagten: Wenn man das Recht auf die Spitze treibt, kommt Unrecht dabei heraus. Mit anderen Worten: Die Gerechtigkeitsliebe kann zum Gerechtigkeitswahn werden, und dann schlägt die Gerechtigkeit in Herzlosigkeit um. Es muss eben letztlich immer um den Menschen gehen, nicht ums Prinzip. Wenn ein Junge etwas verbrochen hat, soll er die Suppe auslöffeln. Aber gleichzeitig soll er wissen, dass seine Mutter ihm deswegen nicht ihre Liebe entzieht. Es ist also schon wichtig, Kindern den Samen der Gerechtigkeitsliebe ins Herz zu säen. Aber wichtiger noch ist es, ihnen den Glauben an unsere bedingungslose Liebe mit auf den Weg zu geben.

Was Friedhöfe uns sagen

Vor einiger Zeit wurden mir zwei Geschichten erzählt, die mich nachdenklich stimmten. Beide waren auf ihre Art anrührend und schön, obwohl beide mit dem Tod zu tun hatten.

Die erste hörte ich von einer Deutschen, die in Italien wohnt. Ein guter Freund von ihr war an Krebs gestorben, ein Künstler, nicht ganz unbekannt. Es hätte ein großes Begräbnis geben sollen, aber der Mann wollte das nicht. Er wollte nicht auf einem Friedhof beerdigt werden. Es sollte keinerlei Aufhebens von seinem Tod gemacht werden. Sein letzter Wunsch war, dass seine Asche in einen Gebirgsfluss gestreut würde. Also fuhren sie mit der Urne hinauf ins Gebirge, nur die Frau des Verstorbenen, seine beiden Kinder und meine deutsche Bekannte. Es war ein strahlender Wintertag, als sie dort oben die Urne öffneten und die Asche des Toten auf dem klaren grünen Wasser des kleinen Flusses rasch davontrieb, Richtung Meer. So sei ihr Freund in den ewigen Kreislauf der Natur eingegangen, sagte meine Bekannte, und das sei für alle eine große Erleichterung gewesen.

Und nun die zweite Geschichte, ebenfalls vernommen von einer Bekannten. Sie hatte mit ihrem Mann in einem Bergdorf in Südtirol ein paar Ferientage verlebt. Am ersten Abend machten die beiden einen Spaziergang hinaus vors Dorf und kamen zu einem Friedhof. Es war bereits tiefe Nacht, die Berge ringsum zeichneten sich nur noch als dunkle Schatten ab, die Sterne funkelten am Firmament, und vor ihnen breitete sich ein Lichtermeer aus: Auf allen Gräbern brannten Kerzen in roten Grablaternen, und der warme Schein der Flammen erhellte matt die eisernen Grabkreuze und die Fotos der Verstorbenen, die Gesichter ernster Männer und Frauen. Überwältigend schön habe sie dieses Bild gefunden, sagte sie. Es sei ein ganz normaler Tag gewesen, kein Feiertag, und plötzlich habe sie gespürt, wie wichtig und wohltuend für uns Lebenden die Verbundenheit mit unseren Toten sei. All diese Toten gehören zu uns, so lautete die Botschaft der Grablaternen, so wie wir irgendwann zu ihnen gehören werden.

Welche Geschichte mich mehr beeindruckt hat? Die zweite. Für den Einzelnen mag es ein angenehmer Gedanke sein, sich nach seinem Tod einfach in nichts aufzulösen. Doch Flüsse erinnern uns nicht daran, dass wir alle durch unser Schicksal als sterbliche Menschen zusammengehören, dass auch die Toten nicht einfach aus der großen Menschheitsfamilie ausscheiden. Nur solange es solche Orte

ehrfürchtiger Erinnerung gibt, ist niemand vergessen. Und nur auf Friedhöfen sprechen die Toten zu
uns.

Wir lassen uns zu leicht ins Bockshorn jagen

Im letzten Winter wurde ein Kälteeinbruch vorausgesagt. Ich musste am nächsten Tag nach Deutschland fliegen und schaute über das Internet in eine große Tageszeitung. Herrje! Wir hätten mit dem Schlimmsten zu rechnen, hieß es da. Man solle sich mit Wolldecken versorgen, man solle sich einen Lebensmittelvorrat für mindestens zehn Tage anlegen. Als hätten wir noch nie einen Winter erlebt. Waren sibirische Verhältnisse zu erwarten? Oder gingen die Zeitungen davon aus, wir würden an einen ewigen Sommer glauben, nach all den Nachrichten über die Erderwärmung? Ich flog trotzdem.

Gut, das Wetter machte mir tatsächlich manchen Strich durch die Rechnung. Mein Rückflug von Deutschland nach Rom wurde wegen Eis und Schnee verschoben. Und als ich Tage später zu einem Vortrag erneut nach Deutschland musste, hatte der Flug einige Stunden Verspätung. Aber auch das war nicht weiter schlimm – die Organisatoren hatten meine Rede einfach aufs Ende der Veranstaltung gelegt, sodass ich letztlich doch noch rechtzeitig erschien, und gegen Überraschungen hilft Gelassenheit. Ein Ausweg findet sich allemal. Das Erstaunlichste an dieser ganzen Aufregung ist: Je besser wir Bescheid wissen, je exakter wir Dinge voraussagen können, desto leichter verlieren wir die Nerven. Sehen Katastrophen auf uns zukommen. Malen uns das Risiko in den grellsten Farben aus. Und halten Angst für den besten Ratgeber.

Irre ich mich – oder waren die Menschen früher wirklich nicht so leicht ins Bockshorn zu jagen? Zugegeben, es wird wohl tatsächlich immer schwieriger, seine Gemütsruhe zu bewahren, wenn von allen Seiten die Katastrophenmeldungen auf uns einprasseln. Aber ewige Bedenken und Befürchtungen sind schlechte Ratgeber. Sie lähmen uns. Sie machen uns unsicher. Ich jedenfalls halte mich lieber an die Aufforderung Jesu, etwas entspannter durchs Leben zu gehen. «Seht euch die Vögel des Himmels an», sagt er. «Sie säen nicht, sie ernten nicht und sammeln keine Vorräte in Scheunen, euer himmlischer Vater ernährt sie. Seid ihr nicht viel mehr wert als sie?» (Matthäus 6,26) Es ist eben so: Wenn ich weiß, dass ich bei Gott in guten Händen bin, braucht mich manches nicht mehr zu beunruhigen. Nicht einmal ein Wintereinbruch in Deutschland.

Natürlich hatten mich andere gewarnt. Aber was sollte ich tun? Nervös werden? Aus Furcht alles absagen, bloß weil in Deutschland Winter war? Da verlasse ich mich lieber auf meine Improvisationskunst.

Bindung kann frei machen

Bis dass der Tod euch scheidet? Viele Ehen zerbrechen lange vorher. Nach acht Jahren ist es mit der Durchschnittsehe vorbei, sagt die Statistik. Wer realistisch ist, glaubt nicht mehr an die ewige Liebe – und wird aus Angst vor dem großen Scherbenhaufen zum Pessimisten: dann lieber gar keine feste Bindung eingehen. Dann lieber als Jongleur durchs Leben tänzeln, sich alle Möglichkeiten offenhalten, sich niemals festlegen. Dann lieber viele kleine Scherbenhaufen als einen großen. Unter jungen Leuten ist dieser Pessimismus besonders verbreitet – ich erlebe das auch in unseren Klöstern. Viele würden gern ins Kloster eintreten, aber nicht für immer. Nicht ohne ein Hintertürchen, durch das man entwischen kann, sollte das Leben draußen irgendwann doch verlockender erscheinen. Wäre es da nicht eine moderne Lösung, «Kloster auf Zeit» anzubieten und den «Mönch mit Verfallsdatum» einzuführen?

Nein, das glaube ich nicht. Ein Kloster funktioniert nämlich nur, wenn man sich kein Hintertürchen offenhält. Es funktioniert nur mit Menschen, die ein großes Ziel haben und dafür alles auf eine

Karte setzen. Mit Menschen, die es wirklich ernst meinen. Das Klosterleben erfordert alle Energie, alle Liebe, alle Hingabe, zu der ein Mensch fähig ist, sonst zerfällt das Kloster. Dasselbe gilt für die Ehe. Man kann eine Ehe nicht mit halber Kraft führen. Ja, ich meine sogar, dass es nicht einmal reicht, den anderen zu lieben. Man muss noch weiter gehen und an die Kraft der Liebe glauben. An die siegreiche Kraft der großen Liebe, damit die eigene Liebe hält, wenn das Verliebtsein nachlässt. Einfach wird es trotzdem nicht werden. Kämpfe wird es trotzdem geben. Aber wer so unbeirrt und mit voller Kraft liebt, bei dem wird sich mit der Zeit die wunderbare, beglückende Gewissheit einstellen: Ich kann dem anderen vertrauen. Ich kann mich voll und ganz auf ihn verlassen. Ich habe in meinem Mann, in meiner Frau einen Verbündeten fürs Leben, einen sicheren Halt inmitten dieses brüchigen Daseins. Paare, die unzertrennlich sind, haben genau diese Erfahrung miteinander gemacht.

Das tiefste Geheimnis einer großen, dauerhaften Liebe besteht nämlich in der Erkenntnis, dass Bindung frei macht. Frei von der ständigen Sorge um das eigene Glück, frei für die Hingabe an das große, gemeinsame Ziel. Die Verheißung der Freiheit – auch das haben Klosterleben und Ehe gemeinsam.

Es wird hell in unserem Leben

Für viele mag die Adventszeit eine Hetzjagd durch die Geschäfte sein. Wenn es für Sie auch so ist, dann wäre es schade, denn eigentlich war es so nicht gemeint. Dafür brauchen wir den Advent auch nicht. Wenn es ums Kaufen und Geschäftemachen ginge, könnten wir den Advent heute noch abschaffen, und Weihnachten gleich mit. Einkaufsrummel können wir das ganze Jahr über haben. Also weg mit diesem alten, christlichen Spuk.

Oder aber – wir besinnen uns. Wie war das nochmal? Steuern wir in diesen Wochen nicht auf ein Bild zu? Auf das Bild eines Kindes in einer Krippe? Ist nicht das ganze zurückliegende Jahr mit seinen Aufregungen, seinen Enttäuschungen und glücklichen Augenblicken auf dieses Bild zugelaufen, das Bild einer Mutter mit ihrem neugeborenen Kind? Neues Leben und neue Hoffnung verheißt es. Neues Leben und neue Hoffnung für jeden von uns, für die ganze Menschheit. Denn dieses Kind ist nicht irgendein Kind ...

Ja, die Adventszeit ist ein Überbleibsel aus gläubiger Zeit, gedacht als Vorbereitung auf die Ankunft

Jesu Christi. Und solange wir Weihnachten nicht abschaffen, dürfen wir diese Zeit weiterhin in der Vor-
freude auf jenen ganz besonderen Tag verbringen, an
dem Gott im Stall von Bethlehem Mensch geworden ist. Vier Wochen lang dürfen wir jeden Sonntag
eine Kerze anzünden und erleben, wie es allmählich
in einer dunklen Welt heller wird, bis in der Heiligen
Nacht ein ganzer Lichterbaum erstrahlt: Christus ist
da, es wird hell in unserem Leben!

Das ist die Sprache der Bilder. Es gab eine Zeit,
da hat sie jeder verstanden, diese Sprache, in der das
Licht der Kerzen für Leben und Hoffnung steht. Es
steht auch heute noch dafür. Für die Hoffnung, dass
wir Menschen nicht einfach dem Tod entgegengehen,
sondern dem ewigen Licht. Und diese Hoffnung gilt
der ganzen Welt. Wir steuern nicht auf Chaos und
Untergang zu, sondern auf eine Herrlichkeit, die Gott
uns durch Jesus Christus verheißen hat. Die Lichter
des Christbaums geben uns einen Vorgeschmack darauf.

Vielleicht sollten wir Advent und Weihnachten
doch noch eine Weile beibehalten. Nicht nur wegen
der Kinder, die die Sprache der Bilder auch ohne Erklärung ganz richtig verstehen. Auch unseretwegen.
Um uns einmal im Jahr daran zu erinnern, dass in jedem Ende, auch im allerletzten, ein neuer Anfang
steckt.

Zwei ungeborene Kinder begegnen sich

Haben Sie schon einmal daran gedacht, dass die Adventszeit gerade für Schwangere eine besondere Zeit ist? Schließlich sind schwangere Frauen die Hauptpersonen im ersten Kapitel des Lukasevangeliums, aus dem auch unsere Weihnachtsgeschichte stammt. Lukas ist derjenige unter den Evangelisten, der nie die Frauen in Jesu Begleitung vergisst, und mit zwei Frauen geht seine Geschichte auch los, mit Maria und Elisabeth.

Vielleicht kennen Sie die beiden von Gemälden her – die alten Meister haben diese Begebenheit geliebt, wie Maria, die Mutter Jesu, ihre Cousine Elisabeth besucht, die Mutter von Johannes dem Täufer. Folgendermaßen trug sich diese Begegnung zu: Maria erfährt, dass Elisabeth im sechsten Monat schwanger ist. Ihr selbst geht es genauso, auch sie ist seit kurzem guter Hoffnung, und nun macht sie sich auf den Weg, läuft durch die Berge Judäas, will ihrer Cousine beistehen. Für beide ist es das erste Kind, und Frauen müssen zusammenhalten. Als nun Maria Elisabeth begrüßt, passiert etwas Merkwürdiges: Auch die zwei ungeborenen Kinder begegnen sich. Da spielt sich eine ganz kostbare Szene ab, denn der kleine Johannes spürt die Nähe Jesu und hüpft im Leib seiner Mutter vor Freude. Maria bleibt dann drei Monate bei ihrer Cousine, also bis zu deren Niederkunft.

Eine kurze Geschichte, die von der Idee ausgeht: Ein Kind ist gewollt – nicht nur von seinen Eltern, auch von Gott. Im Fall von Johannes und Jesus, aber in jedem anderen Fall genauso. Eine Schwangerschaft ist also weit mehr als eine biologische Angelegenheit. Sie steht geheimnisvoll am Ursprung menschlichen Lebens. Jede schwangere Frau wird das empfinden, wenn die ersten Regungen des Embryos spürbar werden und sich ihre Freude mit der bangen Frage abwechselt: Wird das Kind gesund zur Welt kommen? Wird es im Mutterschoß heranreifen können? Und dann diese wunderbare Einheit von Mutter und Kind, auch sie ein Geheimnis.

Die katholische Marienfrömmigkeit hat hierin ihren Grund: in dem Geheimnis der Schwangerschaft, das sich bei Maria mit dem Geheimnis der Menschwerdung Gottes verbindet. Ich meine: Jede Mutter verdient es, von ihren Kindern verehrt zu werden – warum sollten wir Christen dann nicht jene Frau verehren, die Jesus das Leben geschenkt hat? Wenn Sie in dieser Zeit schwanger sind, dann denken Sie auch mal an Maria, und fühlen Sie sich ruhig ein kleines bisschen mitverehrt.

Die Sache im Stall von Bethlehem — eine Zumutung für den Verstand

Natürlich kann man Weihnachten einfach so mitnehmen und mitmachen, weil die Kinder ihre Geschenke und die Geschäftsfreunde ihre Weihnachtskarten haben sollen. Natürlich kann man der Meinung sein, einmal im Jahr darf es ruhig etwas besinnlicher zugehen, und deshalb ein paar Kerzen anzünden, vielleicht sogar ein paar Weihnachtslieder hören. Weihnachten wird nun einmal bei uns gefeiert, es steht halt im Kalender, und ein bisschen Tradition kann nicht schaden. Aber der Rest, der da bis heute immer noch dranhängt? Das Jesuskind in der Krippe, die Jungfrau Maria, der Stall und die Hirten? Kinderkram? Bedeutungslos? Eine Zumutung für erwachsene Menschen?

Sollten Sie so denken, gebe ich Ihnen recht. Ja, die Weihnachtsgeschichte ist eine Zumutung. Eine Zumutung für den Verstand. Aber wir begreifen nicht nur mit dem Verstand. Wir begreifen auch mit dem Herzen. Und es gibt Geschichten, die nicht den Verstand ansprechen, sondern nur mit dem Herzen richtig verstanden werden. Geschichten, die einen Menschen in der tiefsten Seele ansprechen, dort, wo es ganz unvernünftig zugeht, wo die Sehnsucht sitzt und die Hoffnung ist und all die großen, heimlichen Wünsche nach Liebe und Geborgenheit oder Abenteuer wohnen. Und auch das Herz hat ein Recht auf gute Geschichten, auch die Hoffnung hat ein Recht auf Nahrung. Die Sache mit dem Jesuskind und dem Stall in Bethlehem ist eine solche Geschichte, die mit dem Herzen gelesen werden will, und dann lautet sie folgendermaßen:

In dieser Nacht in Bethlehem macht Gott sich klein. Es ist die Stunde, in der wir Menschen nicht zu Gott aufschauen, sondern zu ihm herabschauen. Und da liegt er, in einer Futterkrippe in einem Schafstall, der allmächtige Gott in Windeln! Eine ungeheuerliche Geschichte. Die Geschichte von der Demut Gottes. Und Gott wird seine Demut noch weitertreiben, denn dieser Jesus wird nach der Armut auch das Leiden und den Tod kennenlernen – und dort, in der Ohnmacht des Gekreuzigten, auch da ist Gott. Es ist die Geschichte vom allmächtigen Gott, der auf seine Allmacht verzichtet, um uns die Augen dafür zu öffnen, dass es noch eine stärkere Kraft gibt als alle Macht und alle Gewalt: die Liebe. Das Kind in der Krippe ist der lebendige Beweis für die Liebe Gottes, und an diesen Jesus glauben heißt an den Triumph der Liebe glauben. An die Macht der Liebe, die sogar stärker als der Tod ist. Ja, Sie haben recht. Für den Verstand ist das eine Zumutung. Aber für das Herz ist das die froheste Botschaft der Welt.

Was hat sich Gott nur dabei gedacht?

Ich wünsche Ihnen, dass Sie in dem kommenden neuen Jahr vor Krankheiten und Unfällen bewahrt bleiben. Wir möchten ja alle heil über die Runden kommen und gesund das nächste Jahr erreichen. Wir wissen aber auch, dass wir alle verletzlich sind. Gesundheit ist nicht selbstverständlich – und deshalb immer ein Grund zur Dankbarkeit. Was aber, wenn uns ein Unglück trifft? Wird dann für uns eine Welt zusammenstürzen? Womit werden wir uns trösten, womit werden wir andere trösten? Das sind sorgenvolle Fragen. Und niemand weiß, wie er auf eine schlimme Nachricht reagieren würde.

Ich erinnere mich an ein junges Elternpaar, dessen Junge mit einer doppelten Hasenscharte zur Welt kam. Es wurden Operationen fällig, aber mit zwei Jahren hatte der Kleine sie alle überstanden. Da traf die Eltern ein noch schwererer Schicksalsschlag. Die Abschlussuntersuchung ergab, dass ihr Kind Leukämie hatte. Die Verzweiflung der Mutter und des Vaters werden Sie sich vorstellen können. Auch mir blieb jedes Wort des Trostes im Halse stecken. Eine lange Zeit des Bangens begann – würde er die Bestrahlungen in der Kinderklinik überstehen, hatte er überhaupt eine Überlebenschance? Wenn die Eltern gar nicht mehr konnten, nahm ich abends noch den Wagen und fuhr die dreihundert Kilometer zu ihnen. Viel zu sagen hatte ich nicht, aber ich wollte die drei einfach nicht im Stich lassen. Also teilte ich stumm ihr Leid – und erlebte Unglaubliches: einen Jungen, der nie klagte, und eine Mutter, die ihm wunderbare Geschichten am Bett vorlas. Ich saß nur dabei und lauschte. Eigentlich wollte ich die Eltern trösten. Stattdessen fuhr ich selbst getröstet nach Hause.

Vor einem Unglück wie diesem stehen wir ratlos. Warum?, fragen wir. Welchen Sinn kann dieses Leiden haben? Und auch gläubige Christen quälen sich mit dem Gedanken: Was hat Gott sich dabei gedacht? Ich maße mir nicht an, die Antwort zu kennen. Ich weiß nur: Wir kommen von Gott und wir kehren zu ihm zurück – wann, ob früher oder später, das ist sein Geheimnis. Wenn der Schmerz für uns aber einen Sinn haben sollte, dann ist es vielleicht der: dass wir verstehen lernen, wie sehr wir aufeinander angewiesen sind. Wie sehr wir Menschen brauchen, auf die wir uns verlassen können, Menschen, die uns Halt geben, wenn unsere Welt ins Wanken gerät. Und dass es am Ende nur darauf ankommt, so viel Liebe wie möglich zu schenken.

Hören und Sehen wird uns noch schnell genug vergehen

Irgendwo ist Party. Im Nachbarhaus wahrscheinlich, sonst wäre das eintönige, maschinenartige Stampfen der Musik nicht so deutlich zu hören. Aber Party? Um diese Zeit? Sonntagsmorgens um halb sieben? Und die ganze Straße bekommt es mit. Die Fenster der Wohnung, in der gefeiert wird, stehen offen, das pausenlose Hämmern ist noch hundert Meter weiter zu hören. Und niemand protestiert. Vielleicht glauben die Nachbarn, dass man sich bei solchen Leuten sowieso kein Gehör verschaffen kann. Schließlich – es ist mittlerweile elf Uhr vormittags – geht doch jemand auf die Straße und ruft hinauf zu den geöffneten Fenstern: «Ob es nicht auch ein bisschen leiser geht?» Da erscheint kurz das übernächtigte Gesicht eines jungen Mannes am Fenster, und tatsächlich: Die Musik wird heruntergedreht. Paradiesisch, diese Ruhe.

Gibt es ein Recht auf Lärm? Ist Krach der Preis, den wir für den Fortschritt zahlen müssen? Es stimmt ja: Alle Erfindungen haben die Welt lauter gemacht, von der Eisenbahn über das Telefon bis zur Musikanlage. Alles immer schneller, alles immer lauter, das ist das Gesetz des Fortschritts. Schon vor hundert Jahren gab es Menschen, die darunter gelitten haben. Damals, nämlich 1908, wurde in Deutschland der erste «Antilärmverein» gegründet. Er gab eine Zeitschrift heraus, die *Der Antirüpel* hieß und ein Recht auf Stille forderte. Stille, damit uns nicht Hören und Sehen vergeht. Stille, damit wir nicht vor lauter Krach in einen Dämmerzustand verfallen.

Genützt hat es nichts, wie wir heute wissen. Aber eins könnten wir in dieser vorweihnachtlichen Zeit wenigstens versuchen, wenn wir gegen den äußeren Lärm schon machtlos sind: Wir könnten versuchen, einen Raum der Stille in uns selbst zu schaffen. Dafür sorgen, dass sich unsere Aufregung legt. Und dann hören, hinhören, wie das Jahr ausklingt – als würden wir einem Ton nachlauschen, der verhallt. Das wäre die Gelegenheit, sich einmal selbst zu befragen. Nicht nur: Habe ich geschafft, was ich mir vorgenommen hatte? Sondern vor allem: Bin ich immer noch der, der ich sein möchte? Hätte ich gern mit mir selbst zu tun? Was haben andere Menschen von mir in diesem Jahr gehabt? Was habe ich selbst von mir gehabt? Wen habe ich glücklich – und wen unglücklich gemacht? Denken Sie doch einmal an sich selbst – die Gelegenheit ist günstig. Der Lärm in der Silvesternacht wird uns schon früh genug auf das neue Jahr einstimmen. Hören und Sehen wird uns noch schnell genug vergehen.

Manchmal ist das Christentum nicht nur alt, manchmal wirkt es auch so

Mit dem Neuen ist es so eine Sache. Da darf man skeptisch sein. Das neue Jahr zum Beispiel – was soll denn daran neu sein? Ist das nicht Etikettenschwindel? Einfach eine neue Jahreszahl draufgepappt. Und das Leben? Das geht stur so weiter wie bisher. Höchstens, dass uns das neue Jahr wieder um ein Jahr älter macht … Im Übrigen ist es mit der Neuheit schnell vorbei. Neu ist alles nur im ersten Moment. Gerade mal zwölf Monate später schicken wir das neue Jahr schon wieder als altes Jahr in den Ruhestand, und der Betrug geht weiter – das nächste neue Jahr erwartet uns.

Und trotzdem … Und trotzdem sind wir neugierig. Trotzdem weckt das neue Jahr Hoffnungen, so wie alles, was noch jung, noch kraftvoll, noch unverbraucht und deshalb vielversprechend ist. Könnte es nicht doch Überraschungen bereithalten? Könnte dieses Mal nicht doch ein größeres Stück vom Glück für uns abfallen? Seltsam, wie uns das Neue immer wieder fasziniert, bei aller Skepsis. Schließlich – so viele Hoffnungen sind unerfüllt geblieben. Und jetzt steht alles wieder auf Anfang, alles ist wieder drin. Und wir? Wir sind gespannt.

Neu war einmal genauso das Christentum. Mittlerweile ist es alt geworden, und so wirkt es manchmal auch. Aber es gab eine Zeit, da war es kraftvoll, unverbraucht, da weckte es große Hoffnungen; und wer Christ wurde, durfte sich sogar als neuer Mensch fühlen. Aus diesem belebenden Gefühl des neuen Anfangs heraus entstand das Neue Testament, und das Wörtchen «neu» kommt oft darin vor. Von einer neuen Lehre ist da die Rede, von neuen Liedern, neuen Menschen, ja, selbst von einer neuen Schöpfung. Und Gott war für diese frühen Christen kein alter Mann, sondern der große Erneuerer. Was für ein Optimismus! Das Christentum als Verjüngungskur für die ganze Welt!

Was war das Neue daran? Lassen wir Jesus selbst antworten. «Ein neues Gebot gebe ich euch: dass ihr einander liebt», sagt er im Johannesevangelium. Und weiter: «Daran werden alle erkennen, dass ihr meine Jünger seid: wenn ihr bei euch der Liebe Raum gebt.» So einfach also wird die Welt wieder jung. Mit jedem, der für die Liebe Platz schafft. Der nicht den Stab über dem bricht, der ihn ärgert. Der Geduld hat und darauf vertraut, dass die Liebe alle Hindernisse, alle Bosheit, allen Starrsinn überwindet. Liebt einander – so lautete die neue Lehre, und sie veraltet nicht. Es könnte ein wirklich neues Jahr werden, wenn wir uns dieses ewig neue Gebot Jesu zu Herzen nehmen.